독서는
세상에서 가장
바꾸기 어려운
나를
바꿨다

독서는 세상에서 가장 바꾸기 어려운 나를 바꿨다

초 판 1쇄 2020년 09월 08일

지은이 이은희
펴낸이 류종렬

펴낸곳 미다스북스
총괄실장 명상완
책임편집 이다경
책임진행 박새연, 김가영, 신은서, 임종익
책임교정 최은혜, 정은희, 강윤희, 정필례

등록 2001년 3월 21일 제2001-000040호
주소 서울시 마포구 양화로 133 서교타워 711호
전화 02) 322-7802~3
팩스 02) 6007-1845
블로그 http://blog.naver.com/midasbooks
전자주소 midasbooks@hanmail.net
페이스북 https://www.facebook.com/midasbooks425

© 이은희, 미다스북스 2020, *Printed in Korea*.

ISBN 978-89-6637-838-8 03190

값 15,000원

독서는
세상에서 가장
바꾸기 어려운
나를
바꿨다

이은희 지음

미다스북스

현재 당신의 삶에 더 나은 선택이 없다면 독서를 하라!

– 독서는 궁여지책이 아니라 최고의 선택이 될 것이다 –

나는 중국 연변조선족자치주에서 태어난 조선족입니다. 주변에서 조선족을 많이 보셨겠지만 조선족의 유래에 대해서는 잘 모르실 수 있어 잠깐 설명드리려 합니다. 1910년, 조선이 일본에 나라를 빼앗기고 35년 동안 지배를 받게 되자 일본과 싸우기 위해 중국으로 건너간 사람이 많았습니다. 조선에서는 일본의 탄압이 너무 심해 국경이 맞닿은 중국으로 건너가 일본과 싸울 준비를 한 것입니다. 만주와 연해주, 연변 등에서 독립군을 만든 우리 조상들은 조선의 국경을 넘어 일본군과 싸우고 다시 돌아오곤 했습니다. 현재 연변조선족자치주에 거주하고 있는 조선족들은 대부분 독립군들의 후손입니다.

중국에는 56개의 민족이 있습니다. 그중 90% 이상이 한족이고 나머지가 55개의 소수민족을 이루고 있습니다. 조선족은 그중 하나이며 중국에서 태어나 중국 국적을 가지고 있는 한국계 중국인입니다.

내 기억으로는 1990년대 중반부터 연변 조선족들이 한국에 돈 벌러 나오기 시작했습니다. 연변에서는 월급이 얼마 되지 않았거든요. 그래서 부모 중 한 명이 한국에 나와서 돈을 벌어서 집에 보내주는 가정이 많았습니다. 내가 초등학교 때 한 반에 60명이 넘는 학생 중 양쪽 부모 모두 같이 사는 집이 드물었을 정도입니다. 한국에서 받는 월급이 그때 연변에서 받는 월급의 10배~20배 정도 되었으니까요. 그래서 당시 1,000만 원 정도의 거액이 들었는데도 서로 한국으로 오려고 했습니다. 20년도 더 전의 일이니까 1,000만 원은 어마어마한 금액이었죠.

돈 벌러 외국에 나가는 사람 중 대다수는 한국으로 왔고 더 많은 돈을 벌려는 사람들은 일본이나 미국으로 가기도 했습니다. 부모 중 한 명만 한국에 나와도 식구들은 꽤 유복하게 살 수 있었습니다. 하도 어릴 때부터 부모님과, 특히 엄마와 떨어져 살다 보니 대부분의 친구들이 결핍이 있었죠. 하지만 나는 그 모습마저 부러웠습니다. 나에게는 어릴 때부터 엄마가 없었고 아버지는 돈을 벌 생각조차 하지 않았기 때문이죠. 가난 때문에 정말 힘들었습니다. 학비는 항상 꼴찌로 내야 했습니다. 선생님들은 학비 안 낸 학생들을 자리에 일어서게 하고, 내일은 꼭 갖고 오라고 신신당부하는데 정말 쥐구멍에라도 숨고 싶을 정도로 창피했습니다. 더욱 두려웠던 것은 이튿날에도 낼 수 있다는 보장이 없다는 사실이었죠. 한창 유치하고 예민하던 시절, 못된 친구들은 놀리기도 하고 업신여기기도 했습니다.

가난만이 문제가 아니었습니다. 엄마 사랑을 못 받은 건 둘째 치고, 아빠 사랑 역시 거의 받은 기억이 없습니다. 친척들마저 없다고 봐야 했습니다. 다들 제 살기 바쁘고 자기밖에 몰랐습니다. 그래서 나는 사랑이라곤 눈곱만치도 받지 못하고 자랐습니다. 사랑도 못 받고 돈도 없고. 그런데 그것이 끝이 아니었습니다. 변변한 직업도 없이 방탕하게 살던 아버지는 매일 술을 마셨고 술을 마시면 끝없는 신세한탄에, 딸에 대한 저주를 쏟아내곤 했습니다. 한번 시작되면 몇 시간이고 이어졌는데 한밤중에 어디 나갈 수도 없고 나는 어린 나이에 그 쓰나미를 고스란히 맞고 있어야만 했습니다. 모든 게 고문 같았습니다. 그리고 아물지 않는 상처로 남았습니다. 아버지는 한번 화를 내면 불같이 활활 타올랐고 눈에 뵈는 게 없었습니다. 그의 모든 독화살은 내게로 향했습니다. 더러운 욕설과 저주를 퍼부으면서 손찌검하는 날이 많았지요. 툭하면 작은 체구의 나를 바닥에 메다꽂곤 했습니다. 그럴 때마다 나는 차라리 고아가 더 좋았겠다는 생각을 했습니다.

어린 시절의 상처들은 고스란히 트라우마가 됐고 긴긴 시간이 지나도록 아버지를 용서할 수 없었습니다. 아니, 용서하고 싶지 않았습니다. 자신의 잘못은 전혀 모르고 자기밖에 모르는 사람을 용서하고 싶지 않았죠. 그런데 상처라는 게 참 무섭습니다. 내 삶을 자꾸만 어둠 속으로 끌고 갔습니다. 어렸을 때 형성돼버린 성격은 오래도록 나를 괴롭히고 있었습니다. 더 이상 이렇게 살고 싶지 않았고 정말 변하고 싶었지만 사람은 잘 변하지 않더군요.

고통스러운 나날들이 이어지고, 나름대로 노력을 해봤지만 소용이 없었습니다. 그러다 재작년 겨울에 독서를 시작하기로 마음먹었습니다. 그때는 아무런 방법도 없고 내 삶에 더 나은 선택지가 없었기 때문에 궁여지책으로 시작한 것이었습니다. 그런데 큰 기대 없이 시작한 독서가 나를 서서히 어둠속에서 광명으로 끌어내주었습니다. 부정적인 사람에서 조금씩 긍정적인 사람으로 만들어주었습니다. 그리고 인생의 터닝 포인트를 애타게 찾고 있던 나에게 기꺼이 전환점이 되어주었습니다. 그제야 깨달았습니다. 독서는 내 인생의 최고의 선택이었다는 것을 말이죠.

끝으로 이 책이 나올 수 있게 도와주신 모든 분들에게 감사의 인사를 드립니다.

이은희

목 차

Chapter 1

하루하루 책을 읽으면서 과거에서 벗어나다

Chapter 4
독서를 가장 강력한 무기로 활용하는 7가지 기술

Chapter 5
나는 독서로 세상에서 가장 바꾸기 어려운 나 자신을 바꿨다

Chapter 1

하루하루 책을 읽으면서
과거에서 벗어나다

01

나를 괴롭히던
우울증에서 벗어났다

나의 이름은 이은희이다. 아버지께서 북한 영화 〈금희와 은희의 운명〉을 보고 그렇게 지으셨단다. 영화에는 쌍둥이 자매 금희와 은희가 나온다. 자매는 아버지의 죽음으로 애기 때 헤어지게 된다. 금희는 화가 가정에서 자신의 재능을 맘껏 펼치며 행복하게 사는 반면 섬마을로 간 은희는 가난에 고통 받으며 산다. 나중에 악덕 선주에 의해 도시의 주점에 팔려가 손님들 앞에서 노래를 부르게 된다.

우여곡절 끝에 다시 집으로 돌아가지만 결국 가난 때문에 비극적인 결말을 맺는다. 나의 불행은 이름으로부터 시작된 것일까?

부모님은 내가 애기 때 이혼을 했고 나는 아버지랑 친할머니와 함께 살게 되었다. 어머니의 사랑이 세상에서 제일 위대하다고 하는데 나는 한번도 느껴본 적이 없다. 아버지는 젊은 시절 굉장한 미남이셨는데 어느 날 갑자기 머리가 빠지기 시작하더니 대머리가 되어버렸다. 한창 좋은 나이에 대머리가 됐으니 얼마나 상심이 컸을까. 그것도 출중한 외모로 온갖 주목을 받던 사람이 하루아침에 그리 됐으니 더욱 견디기 힘들었을 것이다. 시련이 닥쳤을 때 모든 사람들이 처음엔 힘들어하다가 이후 서서히 헤어 나온다. 그러나 어떤 사람은 헤어 나오지 못한다.

안타깝게도 아버지는 후자였다. 아버지는 완전히 자포자기해버렸다. 매일 술을 달고 살았고 술만 마시면 그 원망을 애꿎은 가족에게 풀었다. 얼마 지나지 않아 세상에서 유일하게 나를 사랑해주던 할머니마저 돌아가셨다. 그동안 새어머니도 여러 번 바뀌었다. 아버지는 평소엔 좋다가도 술만 마시면 자주 미친 사람으로 돌변해 나에게 온갖 저주를 퍼부어댔다. 그때 내 눈에서 흘러내렸던 건 피눈물이었다. 아버지에게 있어서 나의 존재는 짐이었고 본인 인생이 잘 풀리지 않은 것에 대한 분풀이 대상, 그 이상 그 이하도 아니었다.

아버지는 어느 순간부터 일을 하지 않았다. 그러니 집엔 항상 돈이 없었고 학비라도 내야 하는 날에는 불같이 화를 냈다. 학교에서 학비 갖고 오라고 재촉하면 급기야 나를 이혼한 엄마 친척들이나 고모 집으로 구걸을 보냈다. 그들은 차가운 표정으로 나를 쳐다봤고 기분 나쁜 눈치를 주었다. 나는 정말 창피해서 죽고 싶었다. 아버지는 술을 마시면 자주 주사를 부렸는데 매번 똑같은 레퍼토리로 나를 미치게 만들었다. "죽고 싶다. 내가 이렇게 살아서 뭐하나. 너는 나한테 하나도 쓸모가 없다. 너는 내 딸이 아니다. 어디 가서 죽어버려라!" 이 외에도 수없이 많지만 차마 입에 담을 수도 없는 말들이다. 나는 아버지가 의심스러웠다. '친아버지가 아닐 거야! 친아버지가 저럴 리 없지.' DNA검사라도 받고 싶었다.

그 무렵 아버지는 거의 매일 무도장으로 춤추러 다니면서 여자들을 끊임없이 집으로 끌어들였다. 아버지의 이런 행동은 내가 초등학교 때부터 고등학교 때까지 쭉 이어졌다. 나의 하루하루는 그야말로 지옥이고 악몽이었다. 하지만 나를 구해줄 사람은 어디에도 없었다. 유일한 가족인 아버지는 어느새 내가 가장 증오하는 사람이 되어 있었다. 한 사람을 미워하는 건 엄청나게 힘든 일이다. 그런데 그 사람이 가족이라면? 이보다 더 끔찍한 일은 없다. 그런데 그보다 더 비참한 일은 어느 날 정신차려보니 그 사람이랑 닮아 있는 나를 발견한 것이다. 그 기분은 정말 불쾌하고 고통스럽다. 나는 매일 저녁 화장실에 숨어서 서글프게 울었다. 매일 죽음에 대해 생각했다. 이렇게 사느니 차라리 죽어버리는 게 나을 것 같았다. 몇 번이고 죽음을 갈구했지만 용기가 나지 않았다. 하지만 나는 겨우 초등학생이었고 언제까지 이렇게 살아야 될지 막막하기만 했다. 한번은 6장 분량의 편지를 써놓고 가출한 적도 있다. 편지에 이 집에서 아버지랑 같이 사는 게 너무 괴로우니 제발 고아원에 보내달라고 썼다. 차라리 고아원이 더 나을 것 같았다. 이튿날 저녁 벌벌 떨면서 집으로 갔는데 그날도 친구랑 술판을 벌이고 있었다. 아무튼 고아원에도 못 갔다.

살아온 환경이 이렇다 보니 나는 항상 우울했고 그 누구도 믿지 않게 되었다. 아버지는 언제 어떻게 폭발할지 모르는 활화산 같은 존재였다. 그때쯤 나는 손톱을 물어뜯는 버릇이 생겼는데 불안한 심리상태 때문이라고들 했다. 엄마 사랑이 뭔지도 모르고 자랐고 아버지마저 공포의 대상이었으니 그럴 만도 하다. 그저 하늘 아래 오로지 나 홀로 내동댕이쳐진 기분이었다. 그러니 우울증은 물론이고 여러 가지 마음의 병이 우후죽순처럼 생겨났다. 흔히 성격은 운명이 된다고 한다. 그런데 성격은 환경의 영향을 많이 받는다. 특히 부모의 영향은 말할 것도 없다. 그렇게 형성돼버린 나의 성격은 32살까지 나를 시도 때도 없이 괴롭혔다.

내가 좋아하는 영화 대사가 있다. 바로 〈쇼생크탈출〉에서 앤디의 독백이다.

"사람은 모두 자신의 '신'이다. 그런데 만약 내가 나를 포기하고 멍청히 앉아 죽기만을 기다린다면, 누가 나를 구해줄 수 있겠는가…. 희망과 믿음은 내게 자유를 느끼게 해주는 무적의 존재다. 강한 자는 스스로를 구한다."

앤디의 마음속에는 희망이 가득했고 몸소 그 엄청난 힘을 증명해냈다. 나도 스스로를 구하기로 결심했다. 더는 이렇게 살고 싶지 않았다. 그렇다면 나를 우울하고 불행하게 만드는 성격을 어떻게 바꿀 것인가? 내가 생각해낸 방법은 바로 독서였다. 책 속에는 수없이 많은 지혜들이 담겨 있고 그 지혜로 내 성격도 바꿀 수 있지 않을까 하는 생각에서였다. 그후 나는 틈만 나면 책을 읽었다. 저녁에 누워서 잠이 안 오면 전자책(ebook)을 읽었다. 한 권을 순식간에 읽는 날도 있었다. 그렇게 몇 달을 읽었다. 그랬더니 어느 날 친구가 갑자기 어떻게 이렇게 긍정적으로 변했느냐고 물었다. 나는 책 읽은 것 밖에 없다고 했다. 알게 모르게 책 속에서 본 것들을 내가 삶에 적용하고 있었던 것이다. 예를 들면 불평 불만은 온 세상의 쓰레기들을 다 나에게 불러 모으는 것이라는 문장을 읽고는 웬만하면 안 하려고 했다. "감사합니다."라고 자주 말하면 감사한 일만 생기고 "운이 좋다."라고 자주 말하면 운이 좋아진다는 문장을 보고 실천했더니 매일 조금씩 모든 면에서 긍정적으로 변한 것 같았다. 나도 느끼고는 있었지만 친구가 그렇게 얘기해주니 더욱 뿌듯했다. 그 후로 나는 우울할 때도, 기쁠 때도, 슬플 때도, 불안할 때도 항상 책을 읽었다.

원래는 막연하게 1년에 50권만 읽어도 좋겠다는 마음으로 시작했는데 읽다보니 어느새 100권 이상 읽게 되었다. 처음엔 몰랐지만 읽으면서 독서의 기적을 경험하고 나니 가속도가 붙기 시작한 것이다. 그렇게 읽으면 읽을수록 점점 더 많은 기적을 체험하게 되었다. 만약 내가 내 앞에 나타나는 모든 일에 감사하면 나의 세계가 완전히 변할 거라는 문장을 읽고서는 아무리 안 좋은 일이 있어도 '감사합니다.'라고 말했다. 그랬더니 진짜로 아무것도 아닌 일이 돼버렸다. 읽으면 읽을수록 행복지수는 올라가고 우울감은 사라졌다. 그렇게 나는 우울증과 작별을 했다.

내 인생을 바꾼 한 줄 명언

그냥 어쩌다 미래를 만나서는 안 된다.

자신의 미래를 스스로 만들어야 성공할 수 있다.

– 미국 영화배우, 로저 스미스

02

누군가를 미워하는
마음이 사라진다

가까운 사람을 미워하게 되었을 때의 기분은 끔찍하다. 겪어보지 못한 사람은 모를 것이다. 나는 그렇게 아버지를 미워했다. 내 마음은 항상 지하 18층 지옥에 가 있었다. 늘 행복하지 않았다. 스스로 나를 고문하는 격이었다. 나를 위해서라도 아버지를 용서하고 받아들이고 싶었다. 하지만 문득문득 아버지가 내게 했던 폭언과 폭행들이 떠오를 때마다, 또 그로 인해 형성된 성격이 내 삶에 끊임없이 불행을 가져다줄 때마다 나는 죽었다 깨어나도 용서할 수가 없었다. 한번은 용기를 내서 아버지에게 그동안 너무 많은 상처를 받았다고 얘기했더니 오히려 본인이 더 화를 내는 게 아니겠는가! 그렇게 감정의 골은 더 깊어져만 갔다.

교회도 다녀봤지만 소용이 없었다. 오히려 원망하는 마음만 더 커졌다. 기도할 때마다 '하나님, 왜 저에게 이런 부모를 주셨나요? 하나님은 왜 저에게 이토록 잔인한가요? 우리를 이 세상에 보내실 때 다 계획이 있으셨다고 하는데 대체 무슨 계획이 있으셨던 건가요?'

원망은 끝이 없었다. 그러다보니 교회에도 가기 싫어졌다. 나는 아버지가 엄청 미웠지만 한편으로는 측은한 마음도 들었다. 나는 아버지에게 해드릴 것을 해드리면서도 쌓인 감정이 많아 말이나 표정은 예쁘게 나오지 않았다. 가끔 영원히 안 보고 싶다는 생각도 들었지만 부모라는 게 뭔지 참 마음처럼 안 되었다. 만약 연을 끊어버리면 나나 아버지나 혈혈단신이 되는 것이고 특히 늙은 아버지를 생각해줄 사람은 세상 어디에도 없다.

나는 24살 때부터 3년간 아버지와 연락을 끊고 지낸 적이 있다. 마지막으로 아버지가 또 다시 나에게 주먹질을 해댔을 때 나는 미쳐버릴 것 같았다. 아버지가 무서웠지만 눈에 뵈는 게 없었다. 같이 살다가는 내가 먼저 정신병자가 될 것 같았다. 나는 아버지가 보는 앞에서 미친 듯이 짐을 싸서 나와 버렸다. 처음 보는 내 모습에 아버지는 놀라셨는지 가서 쓰라면서 돈을 쥐어주었다. 그리고 나는 집을 나와 저렴한 셰어하우스에서 생활했다. 전화번호도 바꿔버렸다. 이후 나는 일본어 1급 자격증도 따고 좋은 회사에 취직도 했다. 더는 나를 괴롭히고 불안에 떨게 하는 사람이 없다는 사실이 너무 좋았다. 하지만 불현듯 나를 괴롭히던 아버지의 모습이 떠오를 때마다 나의 마음은 또다시 18층 지옥으로 굴러 떨어졌다.

그동안 대시도 많이 받았지만 나의 마음은 이미 지옥인지라 그 누구도 받아줄 수가 없었다. 그렇게 지금까지 10년의 솔로생활이 이어졌다. 하지만 나쁘지 않았다. 나를 괴롭힐 수 있는 사람도 없어서 좋았다. 누군가를 만나 결혼해서 뒤치다꺼리하는 것은 하고 싶지 않았다. 이제 오로지 나만 생각하면서 살고 싶었다. 그동안 나는 너무 불행하게 살아왔고 이제라도 행복해지고 싶었다. 만약 남자를 잘못 만난다면 또다시 불행이 시작되는 것이고 나는 평생 그렇게 살다 죽는 꼴이 된다. 결혼은 변수다. 위험요소가 될 수도 있다. 그래서 남자를 만나기 조심스러웠고 중요한 건 눈까지 너무 높았다는 것이다. 그렇게 아버지와 연락을 끊고 살다가 3년 뒤 다시 연락하게 된 것은 한국에 오려면 호적이 필요한데 그게 아버지에게 있었기 때문이다.

나에게는 중학교 때부터 가깝게 지냈던 친구가 있다. 그 친구와 내가 친해지게 된 계기는 집안사정이 비슷했기 때문이다. 유일하게 나와 다른 점이 있다면 그 친구에게는 엄마가 있었다. 내가 가장 부러워했던 점이기도 하다. 나와 친구의 아버지는 똑같이 58년생 개띠였는데 똑같이 술 마시면 본인 인생의 한을 가족들에게 풀었다. 우리는 동병상련의 아픔을 느끼면서 더욱 가까워졌다. 친구 아버지가 타락한 이유는 고아였기 때문이다. 물론 친구 아버지도 시련 속에서 헤어 나오지 못한 사람이었다. 고아이다 보니 당연히 부모의 사랑을 못 받고 자랐고 항상 찬밥을 먹었다고 한다. 그게 한이 되어 결혼 후 친구 어머니가 끼니마다 따뜻한 밥을 새로 짓지 않으면 난리를 피웠다. 술 마시면 자주 욕하고 때리고 신세한탄, 그리고 딸에 대한 저주, 모든 패턴이 놀랍도록 우리 아버지와 유사했다. 그들은 딸을 생각하는 방식마저 비슷했는데, 바로 맛있는 건 안 먹고 우리에게 남겨준다는 것이었다. 하지만 우리에게 필요한 건 정서적인 안정감이었다. 그때 우리는 이런 대화를 나누다가 둘 모두 아버지가 죽어버렸으면 좋겠다고 한 적이 있다. 그로부터 수년이 지난 어느 날 친구와 오랜만에 통화를 했다.

"잘 지냈어? ○○야."
"은희야, 우리 아버지 죽었어."
"뭐라구? 어쩌다가?"
"새 직장에 들어가 날마다 술을 정신없이 마시더니 뇌출혈로 죽었어."
"그랬구나, 아직 젊은데…. 죽기 전까지 그렇게 식구들 괴롭혔는데 차라리 잘 됐지 뭐. 너도 아버지가 죽길 바랐잖아."
"그렇긴 한데 갑자기 없어지니까 좀 무서워."

우리가 통화 중에 '돌아가셨다'는 표현마저 쓰지 않은 건 아버지의 죽음마저 전혀 아쉽지 않았기 때문인 것 같다. 그만큼 생전에 가족들을 힘들게 했기 때문이다.

재작년에 그 친구 집에 놀러갔는데 친구가 갑자기 이런 질문을 했다.
"만약 너네 아버지가 나중에 아프면 어떻게 할 거야? 양로원에 보내줄 거야?"

질문을 듣자마자 화가 났다.
"왜 그런 쓸데없는 질문을 해? 생각해 본 적도 없고 생각하고 싶지도 않아."

만약 아버지가 나에게 잘못했다고 해서 나도 똑같이 복수한다면 과연 아버지가 돌아가신 후 내가 후회하지 않을까? 나는 친구에게 그래도 아버지인데 내가 모시지 못하면 양로원에는 보내줄 것 같다고 했다.

문득 예전에 들었던 이야기가 생각났다. 며느리를 심하게 구박하던 시어머니가 돌아가셨는데 무덤 앞에서 제일 크게 울었던 사람이 그 며느리란다. 그 심정을 알 것 같았다. 아버지가 돌아가시면 나도 아마 그런 심정이지 않을까….

아버지와의 관계는 그렇게 풀리지 않는 숙제처럼 오랜 시간 동안 나를 괴롭혔다. 아버지가 내게 줬던 상처들은 긴긴 시간이 지나도 아물지 않았다.

예전에 우리집 위층에 착한 오빠가 살았는데 한번은 그 오빠가 자신의 아버지를 때렸다는 소문을 듣게 되었다. 그 오빠의 아버지는 매일 술을 마시고 다니는 동네에서 유명한 주정뱅이였다.

그때 나는 이런 생각이 들었다.
"얼마나 쌓인 게 많았으면 그 오빠같이 착한 사람이 그랬을까!"

물론 어떠한 상황을 막론하고 폭력은 절대 정당화가 될 수 없다. 하지만 부모라는 이유로 자식을 함부로 대하는 것 역시 절대 정당화가 될 수 없다는 것을 부모들도 알아줬으면 좋겠다.

책 속에서 용서는 최고의 복수라고 한다. 용서하지 않으면 결국 나만 불행해진다. 하지만 시도 때도 없이 나를 괴롭히는 기억들이 있지 않은가? 그런데 신기하게도 한 해 동안 100권이 넘는 책을 읽자 미워하는 마음이 조금씩 사라지기 시작했다. 여러 책에서 용서에 대해 똑같은 얘기를 하고 있었고, 다양한 이야기와 사례들을 통해 용서의 필요성을 느낀 것 같다. 거기에 독서가 주는 안정감과 치유의 힘이 더해지면서 증오하는 마음이 점점 사라지고 있었다. 물론 100% 사라지지는 않을 것이다. 나무에 박힌 못을 빼낸다고 해도 못자국은 남는 법이니까. 증오하는 마음 뒤에는 어쩌면 사랑받고 싶다는 마음이 숨어 있었는지도 모른다.

내 인생을 바꾼 한 줄 명언

책은 영혼이
밖을 내다보는 창문이다.

– 헨리 비처

03

꼭 이루고 싶은
버킷리스트가 생긴다

나는 어렸을 때부터 꿈도 많고 하고 싶은 일도 많았다. 글씨를 잘 써서 선생님들에게 칭찬을 받았을 때에는 서예가가 되고 싶었다. 그림을 잘 그린다고 친구들에게 칭찬을 받았을 때에는 화가가 되고 싶었다. 글을 잘 써서 선생님들에게 칭찬을 받고 친구들이 부러운 눈빛을 보낼 때에는 작가가 되고 싶었다. 상상력이 풍부하다는 말을 많이 들었을 때에는 영화나 드라마 작가도 해보고 싶었다. 노래를 잘한다고 칭찬을 받았을 때에는 가수가 되고 싶었고 예쁘다고 칭찬을 받았을 때에는 영화배우가 되고 싶었다. 목소리와 발음이 좋다고 칭찬을 받았을 때에는 아나운서가 되고 싶었고 언어습득능력이 좋다고 칭찬을 받았을 때에는 통역가가 되고 싶었다. 외국에 대한 동경과 늘 떠나고 싶은 마음이 들었을 때에는 여행가가 되고 싶었다. 하지만 나는 아무것도 이루지 못했다.

아주 어렸을 때부터 지금까지 내가 쭉 들어오고 제일 많이 들어왔던 얘기가 있는데 바로 똑똑하게 생겼다는 것이었다. 눈동자가 까맣고 맑고 빛이 나서 총기가 있다, 똑 부러지게 생겼다, 야무지게 생겼다, 똑똑하게 생겼다 이런 얘기를 어릴 때부터 수도 없이 들었다. 사람들은 내가 하는 말 몇 마디 듣고는 어린애가 어쩌면 이렇게 똑똑하냐고 혀를 내둘렀다. 나는 아주 어렸을 때부터 말을 잘했고 도리와 이치에 딱딱 맞는 말만 했으며 어른에게도 말싸움으로 지지 않았다. 그래서 어른들은 말문이 막혀서 한참을 꺽꺽 거리다 결국 이 말밖에 못했다.

"어린애가 어른한테 한마디도 지지 않네."

그 말을 들으면 나도 할 말이 없었다.

학교 다닐 때에도 선생님들이 머리가 좋다고 칭찬을 했고 친구들도 머리가 비상하다며 감탄을 했다. 내가 공부를 안 하는 것에 비해 성적이 잘 나왔기 때문이다. 이건 아마 내가 기억력이 굉장히 좋아서 그런 것 같다. 국어시간에 지문을 외우라고 할 때가 많았는데 나는 두세 번 읽으면 바로 외웠고 밖에 나가 놀았다. 그래서 항상 친구들의 부러움을 한 몸에 받았다. 당시에는 거의 애기 때 일까지 생각날 정도였다. 그리고 누가 언제 무슨 얘기를 어떻게 했는지도 다 기억했고, 나중에 그 얘길 꺼내면 '내가 그랬어?'하며 아무도 기억을 못했다.

어른들은 만나면 몇 시간씩 수다를 떨곤 한다. 그러면 누구 흉도 볼 것이다. 나는 네댓 살 때 어른들이 하는 말을 옆에서 장난감 가지고 놀면서도 다 기억하고는 그들이 흉을 본 사람에게 알려주곤 했다. 어른들은 깜짝 놀랐다. 분명 아주 어린 애가 옆에서 장난감 가지고 노는 것을 보고 신경을 안 썼는데 그걸 토씨 하나 안 틀리고 그대로 불어버릴 줄 누가 알았으랴. 그 후부터 어른들은 나만 보면 쟤 앞에서 말을 조심해야 한다며 저번에도 큰 코 다쳤다며 경계했다.

그런 나였기에 커서 굉장히 잘 될 줄 알았다. 28살쯤 되면 부와 명예를 지닌 완벽한 여자가 되어 있을 줄 알았다. 하지만 현실은 전혀 그렇지 못했다.

나이가 들수록 나의 마음은 조급해졌다. 나이를 먹었다는 설움보다는 이룬 게 없다는 허탈감이 더 컸다. K팝스타를 보면서 내가 꼬맹이들보다도 못하구나 하는 생각이 들었다. 11살짜리 천부적인 재능을 가진 친구들이 출연했을 때는 자괴감마저 들었다. 저 친구들은 저 어린 나이에 벌써 확고한 꿈이 있고 그 꿈을 위해서 고군분투하고 있는데 나는 이 나이 먹도록 과연 꿈을 위해서 뭘 했을까 아무리 되뇌어 봐도 해놓은 게 없었다. 그렇다면 내가 무당이나 신은 아니지만 10년 뒤 내 모습도 지금이랑 별반 다르지 않을 거라는 생각이 들었다. 아니, 나이가 들어서 오히려 더 초라해져 있을지도 모른다는 생각이 들자 섬뜩하고 두렵기까지 했다.

'내가 고작 이따위로 살려고 이 세상에 온 건 아닐 텐데…' 하는 생각도 들었다. 어렸을 때 품었던 수많은 꿈들이 한 해 한 해 갈수록 리스트에서 사라지고 있었다. 나는 점점 쪼그라들었다. 변화가 필요했다. 아니, 꿈이 필요했다. 분명한 목표가 없는 인생은 참 의미가 없고 재미가 없었다. 마치 시체놀이를 하는 것 같았다.

나는 1년에 5~10권의 책을 사보곤 했는데 늘 새로운 꿈을 찾기 위해서였다. 나의 천직 말이다. 하지만 나는 오래도록 그 답을 찾지 못했다. 그리고 작년에 꾸준한 독서를 하자 답은 뜻밖의 방식으로 나를 찾아왔다. 그동안 나의 천직이 뭔지를 찾지 못했던 나는 막연히 부자라는 꿈을 이루고 싶었다. 책에서 보니 부동산과 주식이 제일 빠른 길 같았다. 주식보다는 부동산이 더 끌렸다. 나는 우선 경매관련 책을 5권 정도 사보았다. 한 권씩 읽을 때마다 나도 할 수 있겠다는 생각이 들면서 돈을 벌 생각에 가슴이 설레었다. 하지만 책을 덮고 나면 며칠이 지나지 않아 열정은 차갑게 식어버렸다. 법원경매사이트에 자주 접속해 둘러보았지만 내가 가진 3,000만 원으로 살 수 있는 물건은 많지 않았다. 그 돈으로 할 수 있는 물건 중에는 또 마음에 드는 게 없었다. 고수의 눈에는 그중에서도 돈 될 만한 물건이 보였겠지만 초짜인 나는 조심스럽기 그지없었다. 그렇게 나는 경매의 문턱에도 가보지 못했다.

그러다 작년 가을쯤 되자 나의 마음은 또다시 조급해지기 시작했다. 뭘 해놓은 것도 시작한 것도 없이 또 한해가 지나갈 것 같았으니 말이다. 그래서 이번엔 주식에 관한 책을 몇 권 사서 읽어보았다. 이번엔 '이거다!' 싶었다. 잘되면 한방에 부자가 될 수도 있을 것 같았다. 실행력이 정말 부족한 나였지만 여러 증권사에 가서 주식계좌도 만들었다. 뿌듯했다. '이제 조금만 더 공부하고 시작해야지.' 하면서 서점에 들러 주식에 관한 책 한 권을 펼쳤는데 그 순간이 나의 운명을 바꿔주는 계기가 되었다. 분명 주식에 관한 책이었는데 나는 그 책에서 다른 정보를 얻었다. 바로 책 쓰기를 가르쳐주는 곳이 있다는 것이었다. 그곳은 〈한국책쓰기1인창업코칭협회(이하 한책협)〉였다. 그 책을 쓴 저자 역시 이곳에서 배출된 작가였다. 신선했다.

나는 매년 버킷리스트를 적고 있었는데 그중 빠지지 않는 것이 '영어 잘하기'와 '작가가 되는 것'이었다. 어린 시절 수많은 꿈 중에서 하나는 꼭 이루고 싶었는데 그게 바로 작가였다. 하지만 누구나 작가에 대한 편견이 있을 것이다. 책은 성공한 사람만이 쓸 수 있다고 생각하는 것 말이다. 나도 그랬다. 항상 책을 쓰고 싶은 마음은 있었지만 그건 아주 나중의 일이라 생각했다. '성공한 후의 일' 말이다. 그랬던 나였는데 책 쓰기를 가르쳐주는 곳이 있다고 하니까 호기심이 생겼다. 그래서 나는 〈한책협〉에 대해 알아보았고 가입을 해서 책 쓰기에 대해 배우고 원고를 완성했다.

나는 어렸을 때의 트라우마로 인해 술, 담배를 전혀 안한다. 아버지의 술 마시는 모습에 일찌감치 질려버렸기 때문이다. 그래서 내가 스트레스 푸는 방법은 조금 특이하다. 바로 교보문고로 가는 것이다. 나는 고민이 있거나 마음이 힘들 때에는 항상 서점으로 가서 내가 원하는 답을 찾기 위한 독서를 한다. 그리고 내용이 좋으면 구매를 한다. 그런데 작년에는 꾸준히 책을 읽다 보니 서점으로 드나드는 일이 부쩍 잦아졌고 그러다 보니 의외의 곳에서 답을 찾았다. 그렇게 찾고 있던 나의 천직이 바로 내가 오랫동안 가슴속 깊이 묻어놨던 작가라는 꿈이었던 것이다. 어떻게 이런 일이 일어났을까? 책에서는 이것을 '끌어당김의 법칙'이라고 했다. 꿈을 찾기 위한 나의 끈질긴 노력이 결국 작가라는 현실을 끌어당긴 것이다.

책을 읽는다는 것은

많은 경우에

자신의 미래를 만든다는 것과

같은 뜻이다.

– 랄프 왈도 에머슨

04

책을 읽으면서
자존감을 회복했다

최초의 심리적 환경을 구성해주는 것은 가족이다. 그런데 알다시피 나의 어릴 적 성장환경은 매우 열악했다. 집에서 충분한 관심과 사랑을 받지 못한 아이는 자존감이 낮아져서 밖에 나가서도 기를 펴지 못한다. 하물며 나에게는 관심과 사랑은커녕 폭언·폭행이 일상이었으니 자존감이 낮은 건 하나도 이상하지 않았다.

자존감이 낮은 사람의 특징은 다른 사람의 눈치를 너무 본다는 것이다. 윤홍균 저자가 쓴 『자존감 수업』이라는 책에서는 자존감의 3대 기본 축은 '자기 효능감', '자기 조절감', '자기 안전감'이라고 한다.

자기 효능감은 자신이 얼마나 쓸모 있는 사람인지 느끼는 것을 의미하고, '자기 조절감'은 자기 마음대로 하고 싶은 본능을 의미하는데 이것이 충족돼야 자존감도 높아진다고 한다. 자존감의 바탕이 되는 '자기 안전감'은 안전하고 편안함을 느끼는 능력인데 트라우마가 해결되지 않았거나 애정 결핍이 지속되는 사람은 안전하다고 느낄 수 없으므로 당연히 자존감이 떨어진다고 한다.

이렇게 보면 내가 자존감이 낮은 건 우연이 아닌 필연이었다. 나는 늘 쓸모없다는 말을 들으며 자랐고, 내가 싫어하는 환경을 벗어날 수 있는 능력, 즉 자유가 없었으며, 성장기에 받은 모든 상처는 내게 해결되지 않은 트라우마였다. 결국 애정 결핍은 뻔한 사실이었다. 그렇게 나는 자존감을 형성하는 3대 기본요소를 모두 충족시키지 못하는 사람이었다.

나는 학교 때 사고 싶은 것은 부모가 다 사주는 친구들이 너무나도 부러웠다. 게다가 용돈까지 나의 몇십 배 정도 받고 있었다. 나도 새 옷을 자주 사 입고 싶고, 용돈도 잘 쓰고 싶고, 하고 싶은 건 다 하고 싶었지만 내 뜻대로 되는 건 하나도 없었다. 나는 간식이 너무 먹고 싶은 나머지 점심이면 밥을 사먹지 않고 그 돈으로 간식을 사먹기도 했다. 밥을 사먹으면 남는 돈이 없기 때문에 간식을 사먹을 수가 없어서였다. 그래서 나는 항상 괴로웠다. 주변의 모든 친구들과 비교해 봐도 내가 받는 용돈이 제일 적었다. 나도 예쁜 옷을 입고 예쁘게 꾸미고 짝사랑하는 남자애한테 잘 보이고 싶었지만 내 현실은 초라하기 그지없었다. 그렇게 나의 결핍은 단지 애정 결핍에서 끝나지 않았다. 지금 생각해보면 하나부터 열까지 모든 게 결핍투성이였던 것 같다.

사회에 나와 일을 하면서부터는 보상심리가 생겨 월급을 받으면 내가 사고 싶은 것들을 다 샀다. 그렇게 5년 동안 돈을 물 쓰듯이 쓰고 나서야 나는 겨우 보상심리에서 헤어 나올 수 있었다. 그리고 느낀 사실은 나는 원래 그렇게 돈을 헤프게 쓰는 사람은 아니었다는 것이었다. 물론 내가 원하는 거는 거의 다 산다. 아주 아끼는 사람도 아니다. 하지만 보상심리가 작동했을 때만큼은 아니다.

자존감이 낮으면 아주 작은 일에도 쉽게 상처를 받는다. 그리고 잘 헤어 나오지 못한다. 다른 사람이었으면 아무렇지도 않게 넘어갈 수 있는 사소한 일에도 뼛속 깊이 상처받는다. 특히 어릴 적 나의 남다른 기억력도 한몫했다. 나는 나에게 상처를 준 사람이 그때 지었던 표정, 했던 말투, 그가 내뱉은 말이 생생하게 머릿속에서 수천 번씩 되풀이됐다. 정말 고통스러웠다. 머리가 깨질 듯이 아팠고, 자존감은 쪼그라들다 못해 보이지도 않았다. 그때 힘들어서 도서관에서 심리학에 관한 책을 많이 봤는데 읽으면 읽을수록 해결되는 건 없고 오히려 화만 났다. 좋지 않던 기억이 새록새록 되살아나며 부아가 치밀었기 때문이다.

그렇게 낮은 자존감은 수시로 나를 괴롭혔고 근본적인 문제는 해결될 기미가 보이지 않았다. 물론 세월의 풍파를 맞으면서 성격이 나아진 것 같긴 했지만 정작 문제에 부딪히면 여전히 변함없는 나를 마주하게 되었다. 어떻게 할까? 해마다 읽었던 5~10권 정도의 책은 눈에 띄는 변화를 가져다주지 못했다. 그러다 작년에 꾸준히 책을 읽자 나에게도 변화가 찾아왔다. 아주 서서히 찾아왔지만 분명히 변화가 있었다. 예전에는 한 달에 5번 정도 상처를 받는 일이 생겼다고 하면 작년에는 한두 번 밖에 되지 않았고 그마저도 빨리 헤어 나올 수 있는 내면의 힘이 생겼다. 이 놀라운 변화는 자존감이 올라갔기 때문이다.

자존감을 사람의 키에 비유하면 이해가 빠를 것이다. 똑같은 장애물이라도 120cm의 키를 가진 꼬맹이와 180cm의 키를 가진 성인이 느끼는 정도는 다르다. 같은 의미로 자존감이 낮은 사람에게는 작은 문제도 큰 스트레스로 다가오지만, 자존감이 커지면 큰 문제도 별것 아니게 느껴지는 것이다.

그렇다면 자존감이 왜 올라갔을까? 어떻게? 나는 그저 책을 읽고 책이 가르쳐주는 대로 했을 뿐이다. 있는 그대로의 나의 모습을 인정하고 온전히 받아들이는 연습부터 했다. 그리고 이 모든 상황은 내 잘못이 아니라고 스스로에게 말해주었다. 나는 그동안 나를 미워하고 있었다는 것을 알게 되었다. 책을 읽고 내면의 대화를 통해 나 자신과 화해를 시도했다. 만약 인간관계가 잘 풀리지 않는다면 문제는 내면에 있다. 내가 나 자신과 잘 지낼 수 있어야 다른 사람들과도 잘 지낼 수 있다. 그 사실을 알고 나자 나는 나의 내면을 들여다보는 연습을 많이 하게 되었다. 단지 이 행동만으로도 우리의 내면은 훨씬 좋아진다.

외부세계는 나의 내면세계의 반영물이라고 책에서 말했다. 나의 내면세계를 고스란히 보여주는 것이 바로 나의 현주소인 것이다. 즉 내가 살고 있는 집, 다니고 있는 회사, 만나고 있는 사람 모두가 나의 내면세계의 반영물인 것이다. 소름이 돋았다. 나는 즉시 다른 사람과의 비교를 멈추고 나에게만 초점을 맞추기 시작했다. 이 세상에는 나보다 많이 가진 사람들도 있고, 나보다 적게 가진 사람들도 있다. 하지만 우리는 항상 나보다 많이 가진 사람과 비교한다. 그러니 행복해질 수가 없다. 내가 더 성장을 한다고 해도 항상 나보다 우월한 사람이 존재하기 때문이다.

우리는 그저 자기 자신과 비교하면 된다. 내가 어제의 나보다 성장했는지가 중요하다. 그러다보니 언제부터인지 눈치도 못 챘을 정도로 나의 자존감은 회복되었고 상처받는 일도 줄었다. 상처를 받았을 때 예전에는 느끼는 강도가 10이었다면 지금은 3정도밖에 되지 않았고 지속시간도 훨씬 짧아졌다. 예전에는 며칠씩 힘들어하는 경우가 많았는데 지금은 몇 시간 안에 내가 마인드를 컨트롤할 수가 있게 되었다. 그리고 다시 그 일이 떠오르면 상상 속에서 그 사람을 향해 이름을 부르면서 '감사합니다.'라고 했다. '감사합니다'는 정말 마법의 언어다. 수많은 책에서 '감사합니다'의 힘을 강조한다. 그러니 당신도 꼭 따라 해보길 바란다. 시간만 나면 수백 번씩 말해보는 걸 추천한다. 책에서는 몇만 번을 하라고 하지만 그건 조금 무리고, 어쨌든 할 수 있는 만큼만 하면 된다. 특히 안 좋은 기억이 떠오를 때 하면 효과는 더 좋다. 사람의 뇌는 한 번에 두 가지 일을 못한다고 한다. 그러니 '감사합니다.'를 끊임없이 말하는 동안 당신은 부정적인 생각을 할 수 없게 되는 것이다.

우리는 지금 정보가 홍수처럼 넘쳐나는 시대에 살고 있으며 SNS시대에 살고 있기도 하다. 이런 환경은 우리로 하여금 원하든 원치 않든 끊임없이 타인과 나를 비교하면서 열등감을 느끼게 하고 내가 처한 환경을 원망하게 만들면서 자존감이 낮아지는 환경을 조성한다. 우리는 타인과의 비교를 멈추고 나에게 초점을 맞추어야 한다. 모든 초점이 온전히 나 자신에게 맞춰졌을 때만이 다른 사람의 눈치도 덜 보게 된다. 부러운 사람이 있으면 나 자신과 비교하면서 질투하지 말고 진심으로 축복해 주어야 한다. 이 모든 게 가능해지면 우리는 자존감을 지킬 수 있다. 절대 자존감이 좀먹게 놔두지 말자!

내 인생을 바꾼 한 줄 명언

다른 사람들이 당신에 대해 어떻게 생각하는지를
걱정하는 한, 당신은 그들에게 소유된 셈입니다.
외부의 승인을 필요로 하지 않게 될 때
비로소 당신은 스스로의 주인이 될 수 있습니다.

– 닐 도날드 월쉬

05

나를 제대로
사랑하는 법을 깨달았다

나는 그동안 내가 먹고 싶은 것을 다 먹고, 내가 하고 싶은 것을 다 하고, 최대한 마음이 가는 대로 사는 게 나를 사랑하는 법이라고 여겼다. 나는 늘 행복해지고 싶었지만 마음 상태는 항상 불안했고 해결되지 않은 수많은 고민들로 나를 괴롭히고 있었다. 이것만 해결되면 괜찮겠지 하고 생각했지만 그 고민이 해결되면 또 다른 고민이 찾아와서 나를 괴롭혔다. 나는 원래 이 모양인 줄 알고 살았는데 꾸준히 책을 읽다 보니 통찰력이 생겨서 그런지 어느 날 갑자기 의문이 해결되었다. 나는 어릴 때부터 항상 불안한 마음상태로 살아왔기 때문에 어느 순간 이미 불안한 감정에 습관이 되어버린 것이다. 불안한 마음도 습관이었던 것이다!

불안한 감정의 근원지를 알고 나니 해결책도 떠올랐다. 나는 나 자신에게 말해주었다.

'이젠 아무도 널 괴롭히지 않아. 더는 불안해하지 않아도 돼. 넌 이제 자유야.'

그리고 상처투성이 나에게 치유의 언어를 말해주기로 했다. 책에서 가장 위대한 치유의 언어는 바로 '사랑합니다.'라고 했다. 처음엔 이상했다. 뭘 사랑한다는 거지? 그럼에도 불구하고 실천에 옮기고 나서야 나는 비로소 그 의미를 알 수 있었다. '사랑합니다.'는 바로 내 자신에게 들려주는 말이었다. 애정 결핍이 있는 사람들은 간절하게 사랑받기를 원하지만 부모에게 받지 못한 사랑은 그 어디서도 보상받을 수 없다. 이 세상 그 누구도 완벽한 사랑을 나에게 줄 수 없다. 왜냐면 그 사람도 그 사람의 인생이 있기 때문이다. 그 누구에게 사랑을 기대한다는 게 얼마나 부질없는 짓인지 이제야 뼛속 깊이 깨달았다.

이 세상에서 내게 온전한 사랑을 줄 수 있는 사람은 오직 나뿐이다. 한동안 나는 지독한 자기연민에 빠져 있었다. 이 세상에서 제일 불행한 사람이 나인 것처럼 느껴졌었다. 하지만 이제 답을 찾았다. 그동안 받지 못했던 사랑 2배, 3배로 내가 나를 온전히 사랑해주면 되는 것이다. 그리고 깨달았다. 불완전한 나를 있는 모습 그대로 사랑하는 것은 내가 할 수 있는 가장 용감한 일이라는 것을.

초등학교 다닐 때 나는 항상 얼굴을 찡그리고 다녔다. 나도 모르게 그
렇게 되었다. 세상에 불만이 많았고 항상 짜증이 났던 것이다. 한번은 길
을 가고 있는데 동네 슈퍼 아저씨가 나를 불러 세웠다. 그리고는 나에게
너는 나이도 어린데 왜 항상 얼굴을 찡그리고 다니냐고 좀 웃으면서 다
니라고 했다. 그때 나는 그 아저씨에게 기분 좋은 일도 없는데 어떻게 웃
으며 다니냐고 말했다. 그 나이 또래 아이들은 보통 얼굴이 밝은데 나를
보니 어지간히 이해가 안 되었던 모양이다.

우리는 좋은 일이 있어야 행복하고 기쁜 일이 있어야 웃는다고 생각한
다. 오랫동안 나도 그렇게 생각했다. 그래서 오랫동안 행복하지 않았다.
지금의 난 매일 행복하다고 생각하고 감사하며 살고 있다. 이건 다 독서
의 힘이다. 예전의 나는 주변 사람들이 단풍구경이나 꽃구경을 간다고
하면 아무데서나 볼 수 있는데 굳이 왜 가는지 이해가 안 됐다. 그런 나
를 두고 그들은 낭만이 없다고 했다. 나는 무엇을 해도 재미가 없고, 무
엇을 해도 가슴이 설레지가 않았다. 한마디로 내 마음은 메마른 사막 같
았다. 마음속엔 해결되지 않은 상처가 많았고, 과거에 얽매여서 내가 나
를 옭아매고 있었다. 나는 행복해지기로 결심했다. 책에서 우리는 행복
하기 때문에 웃는다고 생각하지만 웃어서 행복해질 수도 있다고 했다.

나는 바로 실행에 옮겼다. 날마다 거울을 보고 입 꼬리를 올려 웃는 연습을 했고 평소에도 항상 입 꼬리를 살짝 올려 웃는 얼굴을 만들고 다녔다. 책에 보면 입 꼬리가 올라가 있어야 복이 들어온다고 한다. 왜냐면 복이 이마를 타고 내려오는데 입 꼬리가 내려가 있으면 그 복을 담지 못한다는 것이다. 그릇 형태를 떠올리면 이해가 쉽다. 그래서 나는 넘치는 복을 받으려고 항상 입 꼬리를 올리고 웃으며 다녔다. 그래서 지금은 엄청 잘 웃는 얼굴이 됐다.

잘 웃는 사람의 운은 그리 나쁘지 않다. 책에서는 또 이렇게 말한다. 생각이 말이 되고 말이 행동을 만들지만 이 순서를 거꾸로 해도 된다는 것이다. 그러니까 내가 기분이 엄청 나쁜데 엄청 행복한 척 행동을 하고 말을 한다면 결과적으로 행복해진다는 것이다. 억지로 웃다 보면 나중에 진심으로 웃게 된다는 말이다. 실제로 이 행동을 습관으로 만들자 부정적인 에너지가 도망가는 효과도 누릴 수 있었다. 얼굴이 웃고 있는데 어떻게 부정적인 생각이 들겠는가. 우울하고 부정적인 기운이 웃을 때 미소와 함께 활짝 펴지면서 도망가는 것이다.

예전에 나는 서울에서 직장생활을 하면서 쥐꼬리만 한 월급과 긴 근무시간에 지쳐있었다. 액세서리 무역회사에 근무한 적이 있었는데 하루에 10시간 이상을 회사에 있으면서 퇴근도 상사 눈치를 봐야 하는 문화가 있었다. 전혀 이해할 수 없었다. 그렇다고 야근수당을 따로 주는 것도 아니었다. 다만 오픈 초기라 좀 고생해달라고 했다. 늦게 끝나는 날은 밤 11시가 되어서야 퇴근할 수 있었다. 그래서 나는 한 달도 못 채우고 나와 버렸다.

그렇게 3년 동안 여러 회사를 전전하다가 내가 현재 나의 스펙으로 최고의 금액을 벌 수 있는 일이 무엇인지를 곰곰이 생각해 보았다. 그러다 캐디라는 직업을 발견했다. 연봉 4,000만 원은 벌 수 있을 것 같았다. 게다가 숙식제공이라니 돈 모으기 딱 좋은 구조였다. 물론 4대 보험이나 퇴직금은 없었지만 그건 나에게 전혀 문제가 되지 않았다. 더 마음에 들었던 건 캐디는 1년 하든 10년 하든 받는 금액이 똑같다는 사실이었다. 직장생활을 하면 1년에 한 번씩 월급을 올려주고, 오래 일한 직원이 더 많은 금액을 받고, 직급이 높은 사람이 더 받는데, 캐디는 전혀 달랐다. 그렇게 시작한 캐디 생활이 벌써 만 5년이 지났다.

서울에서 일할 때에는 한 달에 300만 원만 벌어도 좋겠다고 생각했다. 하지만 캐디를 하고 나서 1년에 4,000만 원이 넘는 돈을 벌자 이번에는 연 1억 원을 버는 일을 하고 싶었다. 나의 스펙 상 직장생활로는 불가능한 금액이었다. 혼자서 할 수 있는 일을 찾고 싶었지만 마땅치 않았다. 캐디를 한 지 만 3년이 되자 8,000만 원이라는 돈이 모였다. 나는 그 돈으로 지방에 있는 브랜드 아파트를 대출을 끼고 샀다. 나만의 아파트를 소유하는 것은 나의 오래된 꿈이었다. 드디어 꿈을 이룬 것이다. 그럼 나는 행복했을까? 아니다. 이번엔 서울에 있는 해당 브랜드 아파트를 갖고 싶었다.

우리가 불행한 이유는 행복은 성공 뒤에 자연스레 따라오는 것이라고 생각한다는 것이다. 나도 오랫동안 그렇게 생각해왔고 그 결과 늘 행복하지 않았다. 우리의 욕망은 끝이 없기 때문에 무언가 간절히 원하던 것을 얻거나 이뤘다고 해서 바로 행복해지지 않는다. 내가 소유하는 순간 아무것도 아닌 게 돼버리는 것이다. 그리고 더 높은 성공을 바라보게 된다. 그래서 지금 이 순간 당장 행복해지기로 결심하지 않는다면 영영 행복해질 수가 없다.

나 자신을 진짜 사랑하는 방법은 바로 나를 위해 투자하는 것이다. 당신이 세상에서 가장 사랑하는 사람은 누구인가? 그 사람을 위해 무엇을 해주고 싶은가? 아마 나의 소중한 시간과 에너지와 돈을 투자하여 같이 맛있는 음식을 먹고, 그 사람이 하고 싶은 것을 같이 하며, 세상에서 가장 행복한 사람으로 만들어주고 싶을 것이다. 답은 바로 그것이다. 나를 위해 혼자만의 시간을 갖고 따뜻한 차 한잔 마시면서 외부에서 고갈된 에너지를 회복한다. 또 좋은 책을 읽거나 몸에 좋은 음식을 먹으며 앞으로 내가 좋아하는 일을 하면서 살아갈 수 있도록 나 자신에게 돈을 투자하는 것이다. 삶에서 가장 중요한 관계는 나와 내 자신이다. 내가 행복해져야 다른 사람들도 행복하게 만들 수 있다. 사랑은 지금 이 순간 나와 함께 시작하는 것이다.

좋은 책을 읽는 것은

과거의 몇 세기의 가장 훌륭한 사람들과

이야기를 나누는 것과 같다.

– 르네 데카르트

06

좀 더 매력적인
사람이 된다

매력이란 단어의 사전적 의미는 사람의 마음을 사로잡아 끄는 힘이다. 내가 생각하는 매력은 그 사람의 외모와 성격, 말투, 행동, 생각 등에서 뿜어져 나오는 힘인 것 같다. 사람의 마음을 끌어당기는 힘 말이다. 매력은 후천적으로 만들어지는 부분이 더 크다. 사람의 매력은 처음에는 단순하게 외모나 말투에서 비롯되지만 길게 보면 그 사람의 생각과 지혜에서 뿜어져 나온다. 예쁘고 잘생긴 것도 좋지만 요즘은 다들 자기관리를 잘해서 잘난 사람이 너무 많다. 그래서 나는 예쁘다는 말보다는 매력있다는 말이 더 듣기 좋다. 분명 예쁘거나 잘 생겼는데 매력이 전혀 없는 사람들도 있다. 하지만 처음에 봤을 땐 그냥 그랬는데 보면 볼수록 예뻐 보이고 잘 생겨 보이는 사람들이 있다. 나는 그런 사람들이 더 매력적이라고 생각한다.

매력의 시작은 비주얼이다. 특히 외모나 몸매를 타고난 사람들은 더 매력적으로 보인다. 이건 동서고금을 막론하고 불변의 법칙이다. 요즘엔 자기관리도 실력이라는 말이 있듯이 최대한 자신을 깔끔하고 예쁘게, 멋있게 꾸미는 것이 상대방에 대한 예의다. 하지만 황금보자기를 열었는데 개똥이 들어 있어도 여전히 매력을 느낄 수 있을까? 예쁘고 잘생긴 사람들이 들여다보면 아무것도 없을 때 더 없어 보이는 이유다.

내가 사람들에게 매력을 느끼는 포인트가 있는데 아마 여러분들도 비슷할 것이다. 바로 밝고 잘 웃고 긍정적이고 지적 수양이 있는 사람들이다. 그런 사람 옆에는 항상 사람들이 몰린다. 어떤 이유든지를 막론하고 어둡고 우울한 분위기를 풍기는 사람들에게는 매력을 느끼기가 어렵다. 예전에 어렸을 때 우리가 좋아했던 연예인들 중에는 우울한 분위기를 풍기는데 매력적으로 느껴지는 경우가 많았다. 그건 그 연예인이 잘 생겼기 때문이다. 하하하. 하지만 요즘은 밝은 얼굴을 선호한다.

그렇다면 어떻게 밝은 얼굴과 밝은 미소, 긍정적인 에너지를 풍기는 사람이 될 수 있을까?

밝은 얼굴과 밝은 미소는 만약 타고나지 못했다면 앞에서 언급했듯이 거울을 보면서 직접 만들어야 한다. 내면이 어둡고 부정적인 기운으로 가득 차 있으면 얼굴이 밝아 보이기 힘들다. 꾸준한 독서를 하면 그런 나쁜 기운들은 점점 도망가고 긍정적인 에너지가 들어올 것이다. 하지만 시간이 걸리기 때문에 여기서도 거꾸로 법칙을 먼저 실행해야 한다.

우리의 뇌는 가상과 현실을 잘 구분하지 못한다. 주인이 활짝 웃고 있으면 좋은 일이 있나 보다 하고 그런 쪽으로 뇌를 활성화시킨다. 나는 책에서 이 방법을 보고 바로 실행에 옮겼고 시간이 지나자 약간은 어두웠던 인상이 점점 밝아졌다. 예전에는 무표정으로 가만히 있으면 어디 안 좋은 일이 있냐고 물어보는 사람도 있었는데 지금은 인상이 참 좋다는 얘기를 많이 듣는다.

그렇다면 긍정적인 에너지는 어떻게 만들 것인가? 이것도 거꾸로 법칙을 응용하면 된다. 내가 어떤 사람으로 보이고 싶은지 먼저 캐릭터를 정하자. 만약 내 자신이 소심하고 자신 없는 성격이라면 당당한 사람으로 보이고 싶을 것이다. 그렇다면 당당함은 어떻게 표현되는가? 외부에 보이는 모습이 먼저이기 때문에 원래 당당한 사람처럼 어깨와 가슴을 쭉 펴고 당당한 발걸음으로 걸어야 한다. 잘 모르겠다면 거울을 보고 연습하자. 어떻게 걸었을 때 가장 당당하고 멋있어 보이는지 살펴보자. 그 자세를 찾았다면 이젠 날마다 그렇게 행동하는 연습을 해야 한다. 몸에 완전히 배어 내 것이 될 때까지 말이다.

걸을 때 행동거지나 말투 모두 당당하게 해야 한다. 이 예를 든 건 내가 이렇게 했기 때문이다. 나는 나의 소심한 내면을 들키기 싫었다. 그래서 항상 당당하고 멋있는 모습으로 보이고 싶었다. 그 결과 내 주위 사람들은 모두 나를 당당한 사람인 줄 안다. 중요한 건 내가 어떤 사람이 되고 싶은지, 그것을 먼저 정하는 일이다.

이제 내면이 남았다. 당당한 내면은 어떻게 만들 것인가? 자신의 내면을 잘 들여다보고 내 문제점이 무엇인지 알아야 한다. 그리고 그 문제점을 해결해야 한다. 가장 좋은 방법은 독서이다. 책은 지혜의 결정판이다. 책 속에서 답을 구하자.

뭐니 뭐니 해도 가장 매력적으로 보이는 사람은 바로 자신감이 넘치는 사람이다. 자신감을 타고난 사람들은 좋겠지만 자신감이 없는 사람들은 어떻게 해야 할까? 자신감 역시 꾸준한 독서로 높일 수 있다. 꾸준히 책을 읽다 보면 내면의 문제들이 해결되고 덩달아 삶의 문제들도 해결되면서 점차 자신감이 생긴다. 내면의 문제가 해결이 안 되면 우리는 그것에 집중한다. 집중하는 곳이 커진다고 책에서는 말했다. 그래서 작은 문제가 점점 커지고 나중에는 우리 삶을 불행하게 만든다. 모든 문제는 내면에 있다. 내면의 문제가 해결되지 않는 한 우리는 행복한 삶을 살아갈 수 없다. 책에는 우리보다 먼저 같은 문제를 겪은 저자의 경험과 지혜가 담긴 해결책이 제시되어 있다. 나를 우울하게 만드는 것들, 불행하게 만드는 것들, 자신감이 없게 만드는 것들에 대한 근본적인 해결책으로 우리의 문제를 해결하여야 한다.

책을 읽는 사람이 주는 인상은 다르다. 뭔가 좀 특별하게 느껴진다. 모든 사람들이 다 책을 읽는다면 그럴 일이 없겠지만 아직도 우리 사회는 독서를 하지 않는 사람들이 훨씬 많다. 작년에 꾸준한 독서를 시작하면서 친한 친구에게도 독서를 권했다. 책 10권을 빌려주기까지 했다. 하지만 1년이 넘어가는데 그 친구는 아직 1권도 읽지 않았다고 한다. 마음을 독하게 먹지 않으면 독서는 그저 먼 훗날의 이야기가 된다. '언젠가'는 읽어야지 하지만 그 '언젠가'는 오지 않는다. 그저 '확실한' 지금 이 순간만이 존재할 뿐이다.

배우 정준호와 아내 이하정 아나운서의 첫 만남은 드라마 촬영장이었다고 한다. 드라마 촬영이 인터뷰와 겹쳐 정준호가 10분 정도 인터뷰를 하고는 다시 드라마 촬영을 한 시간 반 정도 하고 다시 와서 10분 정도 인터뷰하고 다시 촬영하러 가고 하는 상황이 반복되었다고 한다. 배우

정준호는 촬영을 하면서도 이하정 아나운서를 기다리게 하는 게 미안해서 이따금 쳐다보기도 하였는데 그때마다 이하정 아나운서는 책을 읽고 있었다고 한다. 배우 정준호는 그 모습에 반해 '저 여자라면 나의 직업을 이해해줄 수 있겠구나.'하는 생각이 들었고 7번의 만남 끝에 프러포즈까지 했다고 한다. 독서를 하는 사람의 이미지는 이렇게 타인에게 호감으로 다가간다.

또 모 작가님이 있는데 이분은 외모적으로 호감을 주는 이미지는 아니었다고 한다. 하지만 아내와의 소개팅에 성공할 수 있었던 것은 바로 책을 읽는 모습 때문이었다고 한다. 먼저 소개팅 장소에 도착한 작가님은 아내를 기다리면서 책을 펼쳐 놓고 읽고 있었다. 나중에 도착한 아내는 이 모습을 보고 작가님이 못생겼음에도 불구하고 호감을 느꼈다고 한다. 책을 읽는 사람은 적어도 나쁜 사람처럼 보이지는 않기 때문이다. 오히려 못생긴 외모도 호감을 갖게끔 만든다.

지하철에 타보면 대부분 사람들은 스마트폰을 한다. 당신은 지하철에서 스마트폰을 하는 사람에게서 매력을 느끼는가, 아니면 책을 읽는 사람에게서 더 매력을 느끼는가? 물론 남이야 뭘 하든 관심 없는 사람이 대부분일 것이다. 하지만 굳이 고르라면 당연히 책을 보면서 자기계발하는 사람이 더 매력적으로 느껴질 것이다.

이처럼 책을 읽어서 매력을 더 업그레이드할 수도 있지만 책을 읽는 모습만으로도 충분히 매력적인 요소가 될 수 있다. 성인 남녀 1,000명을 대상으로 한 모 기업 설문조사 결과에서도 전체의 80%가 넘는 응답자가 "책을 읽는 사람은 매력 있어 보인다."라고 답했다고 한다.

요즘은 자기PR 전성시대이다. 내가 나서서 내 자신을 드러내지 않으면 아무도 나를 몰라준다. 대부분 개인주의 성향이기 때문에 평범한 사람들은 관심조차 받지 못한다. 때문에 성공하고 싶다면 우리는 목숨 걸고 매력적인 사람이 되어서 나 자신을 세상에 드러내야 한다. 매력은 겉멋이 아니라 이 험한 세상을 살아가기 위한 수단이다. 매력은 경쟁력이며 매력적인 자만이 선택받는 시대가 왔다. 우리는 외모부터 내면까지 모두 매력적인 사람이 되어야 한다. 지적 수양을 높여 주는 데는 독서만한 것이 없다. 내면의 아름다움은 독서로 가꿔야 한다. 시작은 비주얼이지만 끝은 지혜다. 지혜는 책 속에 있다.

내 인생을 바꾼 한 줄 명언

독서가 정신에 미치는 효과는

운동이 신체에 미치는 효과와 같다.

– 리처드 스킬

07

미친 듯이 책을 읽으면
'나'가 바뀐다

우리는 우리가 현재 인식한 모습대로 살아간다. 즉 내가 어떤 사람이라고 생각하면 무의식적으로 그렇게 살아간다는 뜻이다. 사람마다 기준은 다르겠지만 나 같은 경우는 100권을 읽었어도 미친 듯이 읽었다는 표현을 썼다. 그것은 여태까지 내가 했던 독서량에 비해서는 폭발적인 독서였기 때문이다. 사람은 잘 변하지 않는다. 예전에 어떤 책에서 봤는데 사람이 변한 것처럼 보이는 건 단지 사회적응력이 좋아져서 그런 거라고 했다. 항상 욱하고 폭력적인 사람이 어느 순간 이런 행동이 나에게 안 좋은 결과만 가져다준다는 걸 깨달았을 때 자제하는 행동을 하는 것이다. 사회에 더 잘 적응하기 위해서이다. 결국 본질은 묻혀 있을 뿐 언제 어떤 방식으로 튀어나올지는 아무도 모른다는 것이다. 나도 그 말에 일리가 있다고 생각했지만 꾸준한 독서로 내 자신이 긍정적으로 바뀌는 과정을 지켜보면서 독서는 사람을 변화시킬 수도 있다는 확신이 들었다.

독서는 어떻게 우리를 바꾸는 것일까? 우리는 누구나 더 좋은 모습이 되고 싶어 한다. 하지만 내가 원하는 모습으로 바뀌기는 너무 힘든 일이다. 매년 새해 목표나 버킷리스트를 작성하지만 잘 이루어지지 않는다. 리스트에 가장 많이 올라가는 내용이 아마 영어 잘하기, 다이어트 하기, 책 많이 읽기, 부자 되기 등일 것이다. 하지만 한 해가 지나고 보면 그 많은 리스트에서 이루어진 건 한두 개거나 혹은 없을 것이다. 아마 당신은 '왜 나는 변하지 않을까?'하고 수도 없이 고민했을 것이다. 그러다가 귀찮아서 어느 순간 포기했는지도 모른다. 될 대로 되라는 마음으로 살아갔는지도 모른다. 나도 마찬가지였다. 그래서 내린 결론은 사람은 잘 변하지 않는다는 것이었다. 지금 생각해보면 이것도 핑계였던 것 같다. 변하지 않는 게으른 내 자신을 위한 자기합리화 말이다.

예전에 책에서 이런 글을 본 적이 있다. 당신이 변하지 않는 건 아직 충분히 고통스럽지 않기 때문이라고 했다. 그 말이 사실 나는 잘 이해되지 않았다. 나는 사는 내내 항상 고통스러웠고 내가 멋있는 사람이 되길 바랐다. 나는 미친듯이 변하고 싶었으나 변하지 않았다. 그래서 충분히 고통스럽다고 생각했는데 왜 변하지 않았을까? 지금에서야 그 답을 알 것 같다. 아직 살 만했기 때문이다.

작년 한 해는 나에게 암흑이었다. 풍파가 많았던 한 해였다. '화는 홀로 다니지 않는다.'는 사자성어(禍不單行)가 있듯이 한꺼번에 모든 것이 밀려왔다. 제일 처음 캐디를 시작했을 때 1년만 하고 종잣돈만 모으면 그만두려고 했다. 나는 몸무게가 41~42kg를 왔다갔다하는데 캐디를 시작한 첫해에는 38kg까지 빠졌다. 나는 평소 운동도 안 하고 많이 움직이지 않는 스타일이었는데 갑자기 심하게 움직이는 일을 하다 보니까 무리가 왔다. 심신이 많이 지쳤다. 위장이 안 좋은데 밥 먹자마자 일을 나갔다가 체한 적도 많았다. 하지만 목표가 있었기에 견뎠다. 그렇게 한 해가 지나고나니 해외여행을 두 번이나 다녀왔음에도 불구하고 2,000만 원이나 모을 수 있었다.

그런데 사람이 참 간사한 게 막상 그만두려니 돈이 아쉬웠다. 캐디 피(caddie fee)가 12만 원인데 팁까지 포함하면 더 많이 번다. 날마다 버는 그 금액이 아쉬웠던 것이다. 그제야 캐디 언니들이 그만두지 못하고 발목 잡힌다는 게 무슨 말인지 이해가 갔다. '그래, 지금 당장 하고 싶은 일도 없으니까 딱 1년만 더 하자.'는 마음으로 또 1년을 더 했다. 두 번째 해에는 3,000만 원이나 모았다. 그만두고 싶었다. 하지만 이번엔 1년 전에 계약한 아파트가 내 발목을 잡았다. 첫해에 모은 돈으로 지방에 있는 신도시 아파트를 계약했는데 입주가 1년 남은 시점에서 부동산 불경기 때문에 전매가 나가지 않는 상황이 초래되었던 것이다. 울며 겨자 먹기로 잔금을 마련해 입주하는 수밖에 없었다. 그렇게 또 지옥 같은 1년이 흘렀다. 그해는 잔금 마련을 위해 정말 더운 날이고 추운 날이고 악착같이 일했다. 그래서 3,500만 원이나 되는 돈을 모아서 1억 원은 대출을 받고 무사히 입주할 수 있었다. 통장에 넘쳐나던 잔액은 빵 원을 찍었다. 그때 나는 통장 잔액과 나의 마음의 여유가 정확히 정비례한다는 사실을 깨달았다. 내 마음의 여유도 바닥을 찍었다.

이젠 입주했으니까 그만둘 수 있지 않았냐고? 달마다 나가는 대출금이 있는데 그만둘 수가 없었다. 정말이지 아파트 계약서에 도장을 찍었던 내 손가락을 자르고 싶은 심정이었다. 더군다나 입주 때부터 마이너스를 찍었던 아파트 가격은 2년이 지난 지금도 여전하다. 그렇게 또 1년을 버텼다. 나의 에너지는 점점 고갈되었다. 4년째 되던 겨울에 그만둘지 말지를 두고 정말 심각하게 고민하다가 결국 여러 가지 이유로 그만두게 되었다.

일을 그만두었으니 새로운 일을 찾아야 했다. 직장은 나의 적성에 맞지 않았다. 별다른 기술이 없었던 내가 자유롭게 혼자 일하려면 경매나 주식밖에 없었다. 그런데 나는 둘 다 문외한이다. 회사를 그만둘 때쯤 통장 잔고도 1,000만 원밖에 되지 않았다. 그 돈으로 경매나 주식을 한다는 것도 무리였다. 달마다 나가는 돈이 있기에 그 1,000만 원도 온전히 종잣돈으로 쓸 수 없는 상황이었다.

다른 방법을 찾아야 했고 나는 또 서점으로 달려갔다. 수많은 책들 속에서 이모티콘에 관한 책이 눈에 들어왔다. 딱히 들어가는 본전도 없고 포토샵만 다루면 될 것 같았다. 나는 그 자리에서 이모티콘에 관한 책 2권을 샀다. 그리고 바로 만들기에 도전했다. 포토샵은 8년 전에 기초만 잠깐 배운 적이 있었다. 책에서 가르쳐주는 대로만 하면 어렵지 않을 것 같았다. 그런데 일단 만들려고 하니까 너무 재미가 없었다. 단순노동이라는 생각이 들고 흥미가 느껴지지 않았다. 모든 일이 그렇듯이 그 과정을 이겨내야 한다고 생각하며 7개를 만들어서 제출했다. 결과는 모두 불합격이었다. 이 길은 아닌 것 같았다. 어떡하지?

비록 지금 아파트를 팔면 2,000만 원 손해를 보지만 집이라도 팔아 경매를 해볼 건지 또 고민이 시작되었다. 결국 고민 끝에 집을 부동산에 내놨다. 그런데 부동산 사장님이 지금은 매물이 너무 많아 언제 나갈지 모른다고 했다. 조급했다. 그러자 사장님은 보증금을 조금 많이 받고 전세로 내놓는 게 어떻겠냐고 했다. 대신 전셋값을 받으면 대출을 갚는 조건으로 말이다. 별다른 방법이 없었던 나는 마지못해 동의했고 얼마 지나지 않아 전세는 아니지만 당장 월세로 들어오겠다는 사람이 있었다. 며칠 뒤면 집을 빼줘야 했고 당장 갈 곳이 없었다. 서울에 집을 얻어 직장 구하기는 무리였다. 월급도 얼마 안 될 것이고 월세를 내고 식비를 해결하면 남는 돈도 없을 것이다. 월세보증금으로는 뭘 하기에도 애매한 금액이었다.

결국 나는 놀라운 선택을 했다. 그만둔 지 3개월도 안 되는 전 직장에 다시 들어간 것이다. 한 번 나온 회사를 다시 들어갈 줄은 상상조차 못했던 일이다. 그런데 나조차도 충격적인 선택을 한 데는 여러 가지 이유가 있었다. 월세 계약한 사람들이 워낙 며칠 뒤에 당장 들어오겠다고 했고, 서울에 올라가면 돈 고생할 게 뻔했고, 다른 골프장에 취직하자니 처음부터 새롭게 모든 걸 적응해야 했기에 캐디를 계속할 거라면 전 직장에 들어가는 게 최선이라는 생각이 들었다. 그래서 창피를 무릅쓰고 다시 들어간 것이다.

나조차도 내 인생이 어떻게 흘러가는지 모르겠고 그저 인생의 전환점을 빨리 맞이하고 싶었다. 하지만 내가 아무것도 안 하고 가만히 있으면 불가능한 일이다. 그렇다면 나는 어떤 최고의 행동을 취할 수 있을까? 성공하려면 성공한 사람과 어울리라고 하는데 내 주변에는 없었다. 나는 궁여지책으로 책 속에서 만나보기로 했다. 그런데 읽다보니까 내가 한 선택은 궁여지책이 아니라 최고의 선택이란 걸 깨달았고 강한 믿음은 나를 더욱더 많은 독서를 하게끔 만들었다.

역사상 가장 위대한 투자가로 불리는 '오마하의 현인' 워런 버핏은 이렇게 말했다.

"당신의 인생을 가장 짧은 시간에 가장 위대하게 바꿔줄 방법은 무엇인가? 만약 당신이 독서보다 더 좋은 방법을 알고 있다면 그 방법을 따르기 바란다. 그러나 인류가 현재까지 발견한 방법 가운데서만 찾는다면 당신은 결코 독서보다 더 좋은 방법을 찾을 수 없을 것이다."

나는 삶을 변화시키는 아이디어를

항상 책에서 얻었다.

– 벨 훅스

Chapter 2

정말 죽을 것 같아 시작한 독서가
마음의 상처를 치유했다

내가 왜 이렇게
힘들게 살아야 할까

아버지는 형제가 딱 1명밖에 없는데 바로 우리 고모다. 위로 형이 3명 있었는데 다 애기 때 돌아가셨다고 한다. 그 외 친척들은 친할아버지 남 동생 자식들이었는데 그들 중 첫째 큰아버지는 어렸을 때 우리집에서 자 랐다고 한다. 그 집에 워낙 자식이 많아서 먹여 살리기가 힘들었기 때문 이다. 그런데 성인이 되자마자 바로 자기 부모에게로 갔다면서 아버지가 서운해 하시던 게 생각난다. 키워준 우리 할아버지, 할머니에게 효도를 안 하고 자기 부모에게로 간 게 못내 섭섭했던 모양이다.

팔은 안으로 굽는다지만 그때 나는 아주 어렸음에도 불구하고 큰아버 지를 그리 안 좋게 보진 않았다. 왜냐면 쌍방 입장이 다르고 아버지 얘기만 들어서는 모르기 때문이다. 하지만 나중에 나도 비슷한 일을 겪게 될 줄은 몰랐다.

고모는 내가 중학교 때 돈 벌러 한국에 왔다. 고모는 아들이 1명 있었다. 나이는 나보다 1살 어리다. 내가 중학교에서 고등학교로 올라갈 때쯤 고모는 한국에서 자리를 잡았는지 몇 달에 한 번씩 우리집에 10만 원 혹은 20만 원씩 보내주었다. 1년에 4번 정도 보내준 것 같다. 학비를 내야 할 때쯤엔 그보다 조금 더 보내주었다. 고모는 우리집에 은인 같은 존재였다. 하지만 그 적은 돈으로 몇 달을 버틸 수 있었던 건 아버지가 스크루지였기 때문에 가능한 일이었다. 그래서 학비를 내야하거나 돈 나갈 일이 생기면 아버지는 화부터 냈다. 돈 나가는 소리만 들려도 마음이 불안했기 때문이다. 아버지 성격상 고모에게 돈을 다 썼으니 먼저 보내달라고 얘기를 할 수 없었을 것이고, 매번 고모가 자발적으로 돈을 보내올 때까지 기다려야 하니 어떻게든 돈을 악착같이 아껴야 했던 것이다. 이해는 되지만 학창시절 내내 나는 너무 불행했다.

내가 25살 되던 해, 고모랑 통화를 하게 되었는데 그날은 나중에 두고 두고 후회되는 날이 되었다. 고모랑 전화로 얘기를 하다가 이번에 새 직장 면접을 보는데 이력서에 또 가족사항을 써야 한다면서 엄마 없는 걸 쓰는 게 매번 스트레스라고 말했다. 그러자 고모가 갑자기 "그럼 이제부터 엄마 딸 하자."라고 하는 게 아니겠는가. 당황스러웠다. 나는 "고모, 이젠 나도 다 컸는데 지금 와서 엄마가 왜 필요하겠어, 어렸을 때나 필요했지."라고 말했다. 그러자 고모는 또 "어렸을 때 없었으니까 이제라도 내가 네 엄마하면 되지."라고 말했다.

그때까지 고모는 내가 세상에서 제일 좋아하는 사람이었고 우리집을 도와준 것도 사실인데 거절하기 참 힘들었다. 그때 동의하지 말았어야 했다. 끝까지 아닌 것 같다고 해야 했다. 하지만 이미 엄마 딸이 되어버렸다. 한동안 엄마라고 부르는 것조차 어색했다. 그래도 어렸을 때 고모가 내 엄마였으면 좋겠다고 생각한 적 있으니까 잘 됐다며 위안했다. 하지만 고모부를 아빠라고 불러야 되는 상황이 오자 조금 당황스러웠다. 간단한 문제가 아니었다. 고모를 엄마라고 부름으로써 아빠가 1명 더 생긴 것이다. 게다가 얼굴 한 번 본 적이 없는 사람을 말이다.

'휴~.' 후회스러웠다. 하지만 이미 엎질러진 물이었다. 그리고 2년 뒤 나는 고모의 초청으로 한국에 오게 되었다.

고모부는 직장을 그만두고 철거회사를 차렸는데 마침 불경기라 일은 전혀 없고 사무실 비용만 하릴없이 나가고 있었다. 남동생이 되어버린 조카는 한국에서 명문대에 다니고 있었고 고모는 일을 쉰 지 오래였다. 돈 나올 데가 전혀 없는 상황이었다. 나의 불편함은 그때부터 시작되었다. 고모는 자나 깨나 돈 돈 했고 고모부에게 바가지를 긁었다. 고모부는 워낙 태평한 성격인지라 항상 '언젠가는 잘되겠지' 하는 생각이었다. 어떻게든 헤쳐나갈 생각은 전혀 없어 보였다. 그렇다고 내가 받은 월급을 다 내놓고 "힘든데 이 돈 쓰세요." 하고 싶진 않았다. 가난 구제는 나라도 못한다고 했다. 다들 돈을 벌 수 있는 상황인데 안 벌 뿐이었다. 집에 들어오면 숨이 막혔다. 고모가 밥상에서 돈 얘기를 할 때마다 가시방석에 앉아 있는 것 같았다. 꼭 나 들으라고 하는 얘기로 들렸다. 고모는 한 번이라도 그 얘기를 듣는 내 마음이 얼마나 불편할지 생각하지 않았다.

그때 화장품 매장에 근무하면서 월급을 140만 원 받았는데 20만 원을 고모에게 내 밥값으로 드리고 화장품도 사주고, 옷도 사주고, 명절이면 명절이라서 용돈, 생일이면 생일이라서 용돈 드리고, 동생에게도 용돈을 주고 하니 남는 것이 없었다. 밖에 나가서 돈을 쓸 때도 항상 내가 다 내고, 간식이나 먹을 것도 사가고 하니 한 달에 50~60만 원 정도는 그 집에 들어갔다. 그리고 아버지에게도 매월 20만 원씩 보내주고 십일조까지 내고나니 돈이 모이지 않았다. 게다가 고모 집은 방이 2개밖에 없어서 한 방은 동생이 공부하니까 혼자 써야 된다고 하고 큰방에서 고모, 고모부, 나 셋이 생활하게 되었으니 나의 불편함은 이루 말할 수 없었다.

엄마 딸 노릇을 그만두고 그 집에서 탈출하고 싶은 생각이 불쑥불쑥 들었지만 그래도 여태까지 고모에게 받은 건 다 갚아야 한다는 생각에

꾹꾹 참았다. 고모는 한 번이라도 내가 준 돈을 거절한 적이 없었고 받으면 식구들에게 자랑하면서 몹시 기뻐했다. 하지만 정작 내가 아플 때는 고모에게 관심조차 받아본 적이 없다. 그저 약 사먹으라는 말뿐이었다. 그런데 고모부나 동생이 조금이라도 아픈 것 같으면 아주 난리법석이었다. 그 모습을 볼 때마다 참 씁쓸했다.

한 번은 고모부 어머니가 생신이어서 할머니 댁으로 간다고 했다. 그때 고모가 방으로 들어오더니 나에게 할머니 생신인데 10만 원을 고모부에게 드리라고 했다. 내가 자발적으로 주는 거면 몰라도 이런 식으로 시키는 건 너무 싫었다. 내가 한국에 금방 왔을 때 고모는 나에게 그동안 우리집에 해준 것이 자그마치 천만 원어치라고 알려주었다. 그러니까 그동안 우리집에 보냈던 돈, 사보냈던 물건 등의 가치를 매기면 그렇다는 얘기였다. 갚으라는 소리로 들렸다. 받을 생각이 없었으면 그런 말을 하지도 않았을 것이다. 고모에 대한 나의 반감은 나날이 커져만 갔다.

한 번은 남동생이 나에게 이런 말을 했다. "엄마가 너의 흉을 보길래 내가 엄마한테 나중에 은희 남편 덕을 안 볼 거냐고 물었다."는 것이다. 그랬더니 고모도 더는 흉을 안 보더라는 것이었다. 어이가 없었다. 동생의 말에 가만 있었다는 고모도 웃겼지만 있지도 않은 남편까지 만들어 본인이 잘한 것마냥 내게 전한 동생도 어이없긴 마찬가지였다.

재작년 겨울쯤 나는 셀리턴LED마스크를 구매했다. 고가였다. 나도 정말 큰맘 먹고 산 거였다. 그걸 들고 고모한테 가서 한번 해보라고 했다. 그때 동생이 내 옆으로 오더니 "저거 너 쓰다가 싫증나면 엄마한테 줘, 엄마가 너무 좋아하신다."고 말했다. 나도 고모한테 사주고 싶지만 지금은 형편이 안 되고 내가 쓰다가 나중에는 당연히 고모한테 줄 건데 미리 그런 말을 하는 동생이 아니꼬워서 "나도 금방 샀는데 언제 싫증나겠니? 네가 빨리 돈 벌어서 사드려."라고 했다.

한 번은 동생이 우리 아버지랑 마트를 갔는데 우리 아버지가 계산할 생각을 안 하더라며 흉을 보는 것이었다. 순간 나는 할 말을 잃었다. 그럼 나는 바보라서 여태까지 고모랑 동생이랑 다니면서 내가 다 돈을 썼단 말인가? 그 집 식구들한테 우리집 식구는 철저하게 항상 돈을 써야 하는 을이었던 것이다. 뭔가를 바라고 해주면 그 관계는 좋게 끝나기 힘들다. 하지만 그들은 바라는 게 너무 많았다. 엄마가 생김으로 인해 나는 행복해진 게 아니라 점점 불행해졌다. 그때 깨달았다. 고모는 절대 엄마가 될 수 없다는 것을.

7년이 되자 고모한테 나도 할 만큼 했다는 생각이 들었다. 이젠 이 숨막히는 관계에서 벗어나고 싶었다. 과연 누굴 위한 엄마 딸인가? 난 전혀 행복하지 않은데. 오히려 고모랑 조카였을 때가 훨씬 좋았다. 솔직히

호칭만 바뀌었지 바뀐 건 아무것도 없었다. 고모는 내가 딸이라고 해서 잘해준 것이 아니라 조카였어도 그렇게 했다. 나도 엄마라고 해서 잘해 줬다기보다는 그동안 빚진 걸 갚는 마음이 더 컸다. 그동안 나는 고모가 1순위라 아버지한테 별로 신경도 안 썼다. 하지만 고모에게는 내가 3순 위였다. 내가 고모 조카로 지내자고 하자 고모는 앞으로 보지 말자고 했다. 어쩌면 그때 큰아버지도 나와 똑같은 마음이 아니었을까?

사람을 상처 입히는 것이 세 개 있다.
번민, 말다툼, 텅 빈 지갑.
그 중에서 텅 빈 지갑이 가장 크게
사람을 상처 입힌다.

- 탈무드

02

내가 아무리 바빠도
책 읽는 이유

아무리 힘들어도 삶은 계속되어야 한다. 먹고살기 위해 직장은 다녀야 하고, 지루하고 반복적인 일상도 되풀이되어야 한다. 왜 이 세상에는 나를 진심으로 생각해주고 사랑해주는 사람은 없고 나에게 받으려고만 하는 사람들뿐일까? 숨이 안 쉬어질 만큼 너무 괴로웠다. 이러다 정말 죽을 것 같았다. 복잡한 머릿속을 비울 수가 없어 책을 펼쳤는데 책에 집중하는 시간만큼은 덜 괴로웠다. 잠시나마 현실을 잊을 수가 있었다.

우리의 삶은 참 고되고 힘들다. 누구나 힘듦 속에서 한 줄기 위로를 받고 싶어 한다. 나는 그 위로를 책으로 받는다. 책을 읽다 보면 한 줄기 따뜻한 기류가 내 마음속으로 파고들어온다. 마치 따스한 햇살처럼.

우리는 바쁘다. 항상 바쁘다. 바쁠 때도 바쁘고, 안 바쁠 때도 바쁘다. 우리는 왜 이렇게 바쁠까? 마음의 여유가 없기 때문이다. 잠시 멈추면, 잠시 쉬었다 가면 뒤처질 것 같은 기분, 독서를 하느니 차라리 일에 더 집중하자는 생각이다. 그리고 퇴근하면 만사 귀찮다. 바쁜 일상의 끝에 술 한잔하거나 침대에 누워 SNS를 뒤적거리거나 TV를 켜놓고 멍 때리고 있거나 하는 것이 우리들의 모습이다. 직장에서 힘들었던 만큼 보상 심리가 작동하는 것이다. 하지만 의미 없이 보내는 시간은 절대 휴식이 될 수 없다.

우리는 쉴 때도, 일할 때도 항상 마음의 여유가 없다. 나도 그랬다. 세 상은 너무 숨가쁘게 돌아간다. 그런데 내가 독서를 시작하게 된 이유는 아이러니하게 마음의 여유를 갖고 싶어서였다. 독서는 텍스트를 눈으로 읽어야 하는 능동적인 활동이라 피곤하다고 생각하겠지만 독서야말로 완벽한 쉼이다. 책을 읽으면 스트레스가 해소된다. 6분 정도의 짧은 독 서만으로도 스트레스가 절반 이상 줄어든다는 연구 결과도 있다. 주말에 하루 종일 누워서 아무것도 안 하고 TV만 본 날은 자괴감마저 든다. 내 가 쓸모없는 인간처럼 느껴지기도 한다. 의미 없이 보내는 시간 뒤에는 항상 허무함이 따라오기 때문이다. 하지만 하루 종일 책을 읽은 날은 진심으로 뿌듯하다. 힐링이 된다. 뭔가 열심히 살고 있다는 느낌과 자기계발을 했다는 기분이 든다. 독서는 바쁜 와중에 나를 위한 마음의 여유를 챙기는 일이다.

나는 어린 시절 상상력이 매우 풍부했다. 친구들이랑 얘기할 때도 항상 상상력을 발휘하여 추가적인 결말을 만들기도 하고 직접 재미있는 이야기를 만들어 들려주기도 했다. 그때마다 친구들은 드라마 작가를 하면 어울리겠다고 말했다. 저녁에 눈을 감으면 아무 생각하지 않았는데도 마치 영화 필름처럼 영상이 상영되곤 했다. 내가 컨트롤할 수도 없었고 내 대본대로 상영되는 것도 아니었다.

왜 그런지는 나도 모르겠다. 현실 속의 내 모습은 가난하고 형편없는 부모를 둔, 정말 외면하고 싶은 인생이었다. 내 마음대로 할 수 있는 것도 없었고, 내 마음대로 되는 것도 없었다. 그래서 신이 나를 창조할 때 상상력 한 스푼을 더 넣어줬는지도 모르겠다. 나는 상상력을 이용하여 상상 속에서 만큼은 내가 원하는 인생을 살았다. 내가 원하는 모습을 하고 있고, 내가 사고 싶은 것은 다 사고, 내가 가지고 싶은 것은 다 가질 수 있고, 내가 하고 싶은 것은 다 하는 인생을 살았다.

그때 상상했던 것들이 대부분 몇 년이라는 시간차를 두고 이루어졌다.

하지만 상상을 해서 이루어졌다고는 꿈에도 생각하지 못했다. 상상은 어디까지나 나의 소망일 뿐이라고 생각했다. 상상이 현실이 된다는 사실까지는 미처 몰랐다. 꾸준한 독서를 하고 나서야 알게 되었다. 성공한 사람들은 거의 상상의 힘을 이용했다고 한다. 상상력은 영적인 도구이며 놀라운 힘을 갖고 있다고 말한다. 그리고 위대한 인생 역시 상상에서 시작된다고 한다.

한 친구가 나에게 지나친 상상은 망상이라고 했다. 그냥 지나가듯이 한 말인데 나는 그 말에 큰 충격을 받았다. '그럼 여태까지 내가 망상을 했단 말인가?'라고 하면서. 이후로 나는 의도적으로 상상하는 일을 줄였다. 우리 주변에는 분명히 우리와 비슷한 수준의 사람들밖에 없다. 그런데 우리는 왜 그토록 아무 생각 없이 주위 사람들의 말에 휘둘릴까? 책을 읽으면 우리는 나보다 성공한 수많은 사람들의 지혜와 노하우를 흡수할수 있다. 꾸준한 독서로 머릿속에 방대한 데이터가 쌓이면 우리는 더 이상 주변 사람들의 의미 없는 말에 일희일비하지 않을 수 있다. 모든 일을 내가 직접 판단하고 결정할 수 있다. 데이터 부족으로 판단 불가한 일은 서점으로 가서 답을 찾아야 한다.

이지성의 『꿈꾸는 다락방』에 나오는 유명한 공식이 있는데 바로 R=VD이다. 즉 '생생하게 꿈꾸면 이루어진다.'는 뜻이다. 이지성은 책을 읽으면서 '꿈이 이미 이루어졌다는 사실을 믿으면 언젠가 그 믿음이 현실이 된다.'는 사실을 알았다고 한다. 그래서 그에 관한 자료를 모으기 시작했고 결국 이 책을 펴내게 된 것이다. 이 책이 베스트셀러가 된 것 역시 '오랫동안 가졌던 믿음이 현실이 된 것'에 불과하다고 말한다.

내가 초등학생 때, 하루는 집에서 창밖을 우두커니 바라보고 있노라니 문득 죽음에 대해 생각하게 되었다. '내가 만약 죽으면 아무것도 모르게 되겠지?' 하는 생각이 들자 너무 무서웠다. 미지의 세계는 항상 두려운 법이다. 사후의 세계는 아무도 모른다. 죽어봐야 안다. 그렇다고 그걸 알아보기 위해 미리 죽어볼 수도 없는 일이다. '그럼 나는 어떡하지? 앞으로 어떻게 살아야 되나?'라는 생각이 들었고 곧 '호랑이는 죽어서 가죽을 남기고, 사람은 죽어서 이름을 남긴다.'는 속담이 떠올랐다. '그래, 어차피 죽으면 아무도 나를 모르니까 유명한 사람이 되자. 연예인이나 작가가 되자.'라는 결심을 하기에 이르렀다.

그때부터 나의 꿈은 연예인이었다. 친구들에게도 항상 나는 연예인이 될 거라고 얘기하고 다녔다. 지금은 창피해서 얘기도 안 꺼내는데 그때는 어려서 자신감이 넘쳤다. 연예인이란 꿈은 항상 생생했다. 손만 뻗으면 닿을 수 있을 것 같았다. 그렇게 그 꿈은 긴 시간을 나와 함께했지만 고등학교 졸업과 동시에 이별하게 되었다.

내 꿈이 쭉 연예인이었듯이 고3 때 나는 베이징에 있는 영화학원에 면접시험 보러 가고 싶었다. 그런데 비용이 너무 비쌌다. 만약 학교에 붙으면 학비는 더욱 비쌀 것이다. 하지만 나는 다른 대학에는 가고 싶지 않았다. 내 꿈이랑 전혀 상관이 없었기 때문이다. 허락하지 않을 게 뻔했지만 그래도 아버지에게 얘기했다. 아버지는 당연히 안 된다고 했을 뿐만 아니라 이렇게 말했다.

"중국에 키 크고 잘난 사람들이 얼마나 많은데 네까짓 게 연예인을 한다고 그러냐?"

기분이 잡쳤다.

"나보다 못난 연예인들도 얼마나 많은데요."

아버지는 "그래도 안 된다. 돈이 없다."라고 하셨다.

중국에는 "北漂一族(북표일족)"라는 말이 있다. 성공하기 위해 베이징에 머무는 외지인들을 통칭하는 말이다. 주로 갓 학교를 졸업한 젊은이들이 많다. 한국으로 치면 지방에서 서울로 올라온 젊은 층을 말한다. 나는 선택해야 했다. "北漂一族"이 되어 베이징에서 영화나 드라마 단역 아르바이트를 하면서 밑바닥부터 시작할 것이냐? 아니면 잠시 꿈을 접을 것이냐? 나는 후자를 택했다. 고생하는 게 두려웠기 때문이다. 밑바닥부터 시작하려면 어쩌면 가장 싼 반지하방에서 돈 걱정하면서 살아야 하는데 두려웠다. 돈 걱정은 지금까지 한 것만으로도 충분했다. 너무 지긋지긋 했다. 결정적인 순간에 나는 믿음을 잃어버렸던 것이다. 손만 뻗으면 닿을 것만 같던 꿈이었는데 나는 그렇게 쉽게 놓아버렸다. '언젠가'는 도전 해야지 했지만 그 '언젠가'는 오지 않았다.

만약 그때 내가 꾸준한 독서로 수많은 책에서 말하는 '이미 이루어진 것처럼 생생하게 꿈꾸면 언젠가는 이루어진다.'는 사실을 확신했더라면 인생이 좀 달라졌을까 하는 생각을 가끔 해본다. 결국 우리는 우리의 믿음에 대한 확신이 부족해서 많은 것을 잃어버린다. 꿈까지도….

내가 살아오면서 했던 잘못된 선택들은 내가 하고 있던 것들에 대한 확신이 없었기 때문이다. 상상을 즐겨했던 일이나 생생하게 꿈꾸었던 일들 말이다. 우리는 가끔 우리가 막연하게 믿고 있던 것들에 대해 연약한 믿음을 갖고 있다. 그래서 타인의 말에 쉽사리 놀아나는 것이다. 책에서 나의 믿음을 뒷받침해주는 문장을 발견했을 때 그 기분은 마치 천군만마를 얻은 것처럼 든든하다. 이때 내 믿음은 비로소 흔들리지 않는 확신이 된다. 만약 책을 읽지 않는다면 우린 정말로 아무것도 아닌 드림킬러로 인해 우리의 장점까지 포기하게 될 수도 있다. 내가 바쁜 와중에도 책 읽는 이유다.

오늘의

나를 있게 한 것은

마을 도서관이었고

하버드 졸업장보다

소중한 것이

독서하는 습관이다.

–빌 게이츠

03

누구보다
열정적인 사람이 되었다

열정이란 어떤 일에 열렬한 애정을 가지고 열중하는 마음이다. 20대 시절 나는 열정이 없는 삶을 살았다. 그 이유는 꿈이 없었기 때문이다. 오래된 꿈을 잠시 접기로 하자 나는 정말 껍데기만 남았다. 다른 꿈을 갖고 싶은 마음도 없었고 해가 갈수록, 그리고 사회생활에 부대낄수록 나의 자신감은 점점 고갈되었고 잠시 접어두었던 꿈도 흔적 없이 사라져버리고 말았다.

과거 회사에 다닐 때 나는 매사에 의욕이 없었다. 하고 싶은 일도 아닌데 먹고살기 위해 울며 겨자 먹기로 다니다 보니 그랬던 것 같다. 기계적으로 아침 9시에 출근해서 오후 6시에 퇴근했다. 어릴 때 수많은 꿈들은 시간이 갈수록 나와 연관이 없는 일들처럼 멀어져갔다. 나는 사는 대로 생각하게 되었다. 그 오랜 시간, 내 생에서 가장 빛나야 할 20대를 그렇게 무의미하게 흘려보냈다. 내가 명확한 목표를 정해놓지 않고 살아가자 수많은 인파에 밀려 지금 이 자리까지 떠내려 온 기분이었다.

그때 독서를 해서 지금 내가 알고 있는 것들을 그때도 알았더라면 얼마나 좋았을까 하는 생각이 든다. 하지만 지나간 시간은 돌이킬 수가 없다. 그때는 내 마음이 지옥이었고, 그래서 내면 세계가 반영된 현실 세계 역시 지옥이었지 않았나 싶다. 인생은 초고가 없다. 바로바로 탈고해야 한다. 그렇게 나는 꿈도 열정도 없이 무기력한 삶을 살아왔다. 그런 나를 바꾼 것이 독서다.

책 속의 저자들은 하나같이 열정적인 사람들이다. 그런 책들을 읽으면서 열정적으로 변하지 않는 게 더 이상한 일이다. 만약 우리 주변에 열정적인 사람들로 도배되어 있다면 아무리 게으른 당신이라도 열정적으로 물들어갈 것이다. 먹을 가까이 하면 검어지고, 주홍을 가까이 하면 붉어진다. 하지만 당신이 열정적인 삶을 살기로 마음먹었다고 해도 집에 들어가면 가족들이 누워서 TV만 보고 있고, 게임만 하고, 생산적인 활동을 하지 않는다면 당신 역시 열정적으로 살아가기 어렵다. 그래서 책 속에서는 성공하려면 환경부터 바꾸라고 한다. 맹자의 어머니도 자식을 위해 3번이나 이사하지 않았는가. 인간의 성장에 있어서 환경은 무엇보다 중요하다.

아버지는 노래 실력이 탁월했다. 훌륭한 외모와 노래 실력으로 충분히 가수도 할 수 있었고, 마음만 먹으면 무엇이든지 할 수가 있었다. 하지만 항상 '가수 해볼까?'라는 말만 할 뿐 행동으로 옮기지는 않았다. 빠진 머리 때문에 사람들이 뒤에서 수군댈 수 있다는 우려 때문이었다. 한 번 도전해보라고 열심히 응원했지만 소용없었다. 가수는 아버지에게 딱 맞는 옷 같았으나 도전조차 하지 않았다.

지금 생각해도 참 안타깝다. 그때 만약 아버지가 용기를 내서 도전했더라면 충분히 멋진 가수가 됐을 것이고 꿈을 이룬 아버지는 자신감을 되찾았을 것이다. 아버지가 행복해지면 나 역시 좋은 영향을 받았을 것이다. 나의 성장 환경이 좋아질 수도 있었을 것이다.

마음이 막혀버린 것보다 더 큰 장애는 없다. 시련을 뛰어넘지 못하면 삶의 모든 장애물이 시련이 되고 인생길은 자갈길이 된다. 하지만 겸허하고 감사히 내 눈앞에 놓인 시련을 이겨내면 인생길은 꽃길이 된다.

환경은 사람을 물들게 한다고 했다. 중국에는 '常在河边走哪能不湿鞋(상재하변주나능불습혜)?'라는 말이 있다. 강가를 자주 걷다 보면 신발이 젖을 수밖에 없다는 뜻이다. 긍정적인 환경에서는 긍정적이 되고, 부정적인 환경에서는 부정적이 될 수밖에 없다.

나는 정말 열정적으로 살고 싶었지만 내 몸과 마음은 따로 놀았다. 한동안 나는 내가 왜 이렇게 게으르고 행동을 못할까 심각하게 고민하기도 했다. 하지만 책을 읽고 나서야 알게 되었다. 나는 어렸을 때부터 무기력하고 게으른 누군가의 모습을 보면서 그대로 닮아버린 것이다. 그리고 내 마음대로 되는 게 아무것도 없던 어린 시절의 환경 속에서 '학습된 무기력'이 형성된 것이다. '학습된 무기력'이란 피할 수 없거나 극복할 수 없는 환경에 반복적으로 노출된 경험으로 인하여 실제로 자신의 능력으로 피할 수 있거나 극복할 수 있음에도 스스로 한계를 짓고 자포자기하는 것이다.

책은 그런 나를 탈출하게 만들었다. 상처투성이 어린시절이었어도 새로운 꿈을 꾸게 해주었다. 책에서는 열정적인 사람이 되려면 무조건 행동하라고 한다. 내 꿈이 뭔지 몰라서 꿈이 생길 때까지 기다린다고? 그런 순간은 오지 않을 것이다. 당신이 하기 싫은 일이라도 지금 이 순간 당신이 할 수 있는 최선의 것들을 하면 된다. 꿈은 언제, 어떤 경로로 다시 당신을 찾아올지 모른다. 집안에 가만히 앉아있는데 꿈이 찾아올 리 있겠는가? 나도 가만히 앉아 아무런 노력도 하지 않았을 때는 꿈이 찾아오지 않았다. 하지만 내가 간절히 바라고 부지런히 움직이자 꿈이 머리를 내밀었다. 그리고 나는 꿈의 머리끄덩이를 잡았다. 꿈을 이룰지 말지는 전적으로 실행에 달려 있다. 내가 아무리 작가가 되고 싶다고 하더라도 게을러서 글 자체를 쓰지 않는다면 죽었다 깨어나도 작가가 될 수 없다. 꿈은 행동이다. 열정도 행동이다.

열정과 끈기는

보통 사람을 특출하게 만들고

무관심과 무기력은

비범한 이를 보통 사람으로 만든다.

– 와드

04

속는 셈 치고 한 독서가
내 삶을 조금씩 바꾸었다

아주 오랫동안 내 삶은 크게 변하지 않았다. 점점 나아지고 있긴 했지만 내 기대에는 전혀 못 미치는 수준이었다. 나는 정말 '짠' 하고 180도 멋있게 바뀌고 싶었지만 그런 일은 일어나지 않았다.

그제야 나 자신을 바꾸는 일이 세상에서 제일 어렵다는 것을 알게 되었다. 독서를 시작하기 전, 그러니까 2019년 이전 나의 처절한 심경들을 보여주는 일기들이다.

2014년 09월 05일(金)

이번 해도 2/3가 지나갔다. 20대의 끝자락을 달리고 있는데 아직 해놓은 게 없다. 인생의 의미를 못 찾았고, 참된 사랑도 못 해봤고, 행복한 일상을 꿈꾸지만 인간들은 서로에게 스트레스만 주고, 지겹고 버겁다 이제.

나는 이 쥐 경주에서 빠져나오고 싶었다. 반복되는 일상에 지쳤고, 기계처럼 돌아가는 영혼 없는 삶에 지쳤다. 그래서 프리랜서로 할 수 있는 일을 찾고 싶었다. 그런데 이게 그렇게 힘든 일인가?

왜 이렇게 힘들고, 우울하고, 지치고, 맥 빠지는지 모르겠다. 28년을 왜 이 따위로 살았을까? 긍정적인 생각만 하고 싶다 나도. 근데 말이다, 인생이란 게 참 모를 일이다. 한 치 앞도 모를 일이다. 지금 이 순간에도 어떤 선택을 해야 할지 갈팡질팡하고 있다. 내가 원하는 인생을 살고 싶은데, 그래서 열정과 에너지로 충만한 삶을 살고 싶은데 그게 왜 이토록 어려운 일일까? 첨부터 다시 살고 싶다.

2015년 06월 02일(화)

한국에 온 지 벌써 3년이 지났다. 헐! 헉!

비행기 타고 한국 땅을 밟은 지가 어제 같은데 벌써 3년이 지났다니 환장할 노릇이다. 3년 동안 해놓은 게 없다. 왜 이렇게 정신 차리고 살지 못했을까? 내가 하고 싶은 일은 이런 게 아닌데 내 의지와는 전혀 무관한 일을 하고 있다.

이제 곧 서른, 삶의 무게를 느낄 나이.

어떡할까 난? 나의 천직은 무엇일까?

내가 원하는 일은 무엇이며 앞으로 평생 어떤 일을 하면서 살아야 즐겁고 행복할 수 있을까?

조직생활은 그야말로 인간을 폐인으로 만드는 것 같다. 조직은 기계 같고 우리는 그 기계에 딱 맞춰 움직여야 되는 부품 같은 존재. 슬프다. 난 왜 이렇게 바보같이 살아야만 할까? 시간을 내 맘대로 지배하면서 내가 원하는 즐거운 일을 하고 싶었는데 뭐가 문제라서 이렇게 잘 되지 않을까? 너무 힘들다.

2015년 08월 27일 (목)

　올해도 2/3 가 지나가고 시원한 가을바람이 시작되었다. 한 해 한 해마다 해놓은 게
전혀 없는 것 같은 느낌이 나를 괴롭게 만든다. 반복적인 괴로움 속에서 과연 내가 놓치
고 있는 것들은 무엇일까? 가끔은 왜 사는지도 모르겠고, 왜 이렇게 살아야만 하는지도
모르겠고, 왜 이렇게밖에 살 수 없는지도 모르겠다. 난 왜 이 모양일까? 기대 속에 내 모
습은 멋있고 뭐든지 잘할 수 있고, 뭐든지 잘하는 그런 모습인데 현실 속의 내 모습은 왜
이토록 나태한지….

　머리를 굴리는 것조차 게으름 부리고 있는 건 아닌지…. 그래서 내가 놓치고 있는 것
들은 얼마만큼 대단한 것들인지 난 전혀 알 수 없다. 이제 올해도 4달 남았다. 앞으로 4
달 동안 뭘 할지에 대해 열심히 고민하고 머리를 짜내서 내년에는 꼭 캐디에서 손을 뗄
수 있었으면 좋겠다. 나는 나를 믿는다. 파이팅!

2016년 06월 07일(화)

이틀 낸 휴무도 끝나갈 무렵, 난 정말로 내 삶에 절망했다. 무엇 때문에 살고 왜 살아가야 하는지, 꿈도 없는 이 무의미한 삶이, 하루하루가 내겐 그저 지옥일 뿐이다. 금전적인 이유 때문에 지금 골프장에서 일을 하고 있지만 과연 맞는 길일까? 먹여주고 재워주고 현재의 나에겐 어쩌면 최고의 직업이라 할 수 있겠다. 그런데 과연 나는 행복한가?! 행복이 무엇인지도 모르겠고 이젠 그 느낌마저 망각해가고 있다. 그냥 이대로 죽는다 해도 아쉬울 것 하나 없는 삶이다.

휴일에 영화 2편을 봤다. 〈아가씨〉랑 〈나의 소녀시대〉.

〈아가씨〉를 보면서 극 중 김민희의 힘든 내면과, 삶에 아무런 미련도 없는 모습이 나와 크게 달라 보이지 않았다. 현대 사회에서 난 돈 없고, 집 없고, 백 없고. 다람쥐 쳇바퀴 돌듯 기계적으로 돌아가는 삶, 전혀 내 의지로 돌아가지 않는 삶에 지쳤고 마음에 밧줄 하나 감아놓고 꽁꽁 숨긴 채 어느 순간 내가 마음만 먹으면 바로 내 자신을 옭아맬 수 있는 그런? 아니, 난 그런 용기까지는 또 없다. 〈나의 소녀시대〉를 보면서 학창시절이 떠오르는 건 어느 누구나 매한가지 일 것이다. 그때는 참 가슴도 잘 뛰고 미래에 대한 희망도 있었는데…. 이젠 다 덧없고 덧없는 것들.

2018년 5월11일 (f, 임플란트의 추억)

어렸을 때 충치 하나를 제때에 빼지 않은 일이, 오늘 임플란트를 하기까지 6개월 고생하는 결과를 낳았다. 그런데 아직도 4개월은 더 고생해야 된다. 어릴 때 간식을 즐겨 먹었고 그래서 충치가 생겼는데 치과 가기 무서워서 방치해두었다. 스물한 살 때 그 치아가 또 아파서 치과를 찾았는데 돌팔이 의사가 그만 치아를 뽑아버리고 말았다. 충분히 살려서 쓸 수 있었는데 말이다. 나는 그 후유증으로 치과 가기 무서워서 어금니 하나가 없는 채로 10년이나 살아오다가 최근에야 치과를 다시 찾은 것이다.

어디서부터 잘못되었을까? 한 순간의 잘못된 선택이 먼 훗날 이렇게 무거운 결과로 다가왔다. 하긴 인생의 흥망성쇠는 보통 아주 사소한 일에서 갈라진다. 그때, 20대 때 임플란트를 해 넣었어도 고생을 덜하는 건데 어차피 후회 약은 없다. 근데 나는 어쩜 지금도 이렇게 힘들게 살고 있는 걸까? 왜 이리도 변한 게 없을까? 나태하고 게으르고 무기력하고 우울하고…. 좋아졌다고 생각했는데 통장 잔고가 마이너스를 찍는 순간, 아파트담보대출로 억대 빚더미에 오르는 순간, 나는 그동안 8,000만 원이 넘는 현금이 나에게 가져다주었던 조그마한 마음의 여유마저 잃어버리고 말았다. 집을 사는 바람에, 그것도 집값이 2,000만 원이나 떨어지는 바람에 탈탈 털려버렸다, 내 멘탈이.

당장 그만두고 싶었던 일도 그만두지 못한다는 게 너무 비참하고 한심한데, 이거 그만두면 어디 가서 이만 한 일을 찾기가 어렵다는 현실이 나에겐 더욱 큰 아픔으로 다가온다. 집도 샀으니 회사만 그만두면 되는데 현실은 녹록치 않다. 과연 나의 문제점은 무엇인가. 제발 인간답게 살고 싶다.

그동안 나는 변함없는 내 현실에 거의 절망하고 있었다. 나에게는 돌파구가 필요했지만 어찌된 일인지 그것은 내 앞에 나타나지도 않았고 찾을 수도 없었다. 이제는 적극적인 행동을 하라는 신의 계시가 들렸다. 더 이상 시간을 끌 수가 없었다. 곧 30대 중반이라는 생각에 뒤통수를 한 대 얻어맞은 것 마냥 정신이 번쩍 들었다. 내 삶에 가장 빨리 변화를 일으킬 행동은 무엇인가? 그때 책이 눈에 들어왔다. 꾸준한 독서를 시작하고 난 후, 위와 같은 일기는 더 이상 내 일기장에서 발견되지 않았다.

반복적으로 하는 행위가 곧 자기 자신이다.
탁월함이란 행동이 아닌 습관으로 완성된다.

– 아리스토텔레스

05

책을 읽으며 나 자신의
가치를 깨달았다

나는 졸업하고 10년이 넘는 시간 동안 내 자신이 걸어온 행보에 대해 거듭 실망했다. 나의 모습은 성공자와는 거리가 멀었기 때문이다. 나는 돈 걱정 전혀 없이 내가 하고 싶은 것을 다 하면서 사는 게 목표였다. 내가 좋아하는 일을 하면서 많은 부를 축적해나가는 것이 꿈이었다. 하지만 현실과 꿈은 괴리감이 있었다. 나 스스로도 나 자신의 가치에 대해 의심하게 되었다. 나는 이 정도밖에 되지 않는 사람이냐고 스스로에게 묻는 날이 많아졌다.

그동안 나는 운은 타고나는 줄 알았다. 하지만 책에서는 운은 타고나는 게 아니라 사람이 움직일 때 깨어난다고 한다. 한자 그대로의 의미를 갖는 것이다. 그리고 시련은 변형된 축복이라고 했다. 이 말은 사실 잘 이해되지 않았다. 뭐가 축복이란 말인가! 힘들어 죽겠는데. 하지만 크게 성공한 사람들의 이야기를 들어보면 힘들었던 과거사가 빠지지 않았다. 그런걸 보면 일리가 있는 것 같았다. 역경과 시련이 성장을 이끌어내기 때문이다.

책에서는 우리의 내부에는 어마어마한 잠재력이 잠들어있다고 한다. 그 잠재력을 깨우면 누구나 자신이 원하는 삶을 살 수 있다고 말한다. 심리학자들은 우리가 실제로 사용하는 능력은 가진 것의 5%도 안 된다고 한다. 우리의 내부에 잠들어 있는 잠재력은 대체 무엇인가? 바로 잠재의식이다. 모든 비밀은 바로 이 잠재의식에 있다. 잠재의식이 성공 여부를 결정한다고 해도 과언이 아니다.

우리 인간은 현재 의식과 잠재의식을 가지고 있다. 현재 의식은 우리의 오감을 통해 들어오는 신호를 인지하는 의식이다. 반면 잠재의식은 반복적인 암시를 통해 무의식에 저장된다. 우리가 평소에 자주 하는 말, 생각, 감정은 이런 과정을 통해 잠재의식에 저장된다. 평소 당신은 어떤 말과 생각을 자주 했는가? 그것들이 모여서 바로 지금의 '당신'이 된 것이다. 우리의 가치는 그렇게 결정되었다.

독서를 안 했더라면 하마터면 이런 것들을 모르고 살 뻔했다. 소름이 다 돋는다. 그러면 계속 내 감정대로 말을 뱉고, 의식의 흐름대로 생각했을 것이다. 하지만 이젠 부정적인 말을 내뱉지 않으려고 노력하는 것은 물론이고 나의 생각까지도 경계하게 되었다. 무작정 머릿속에 떠돌아다니는 생각들을 그대로 방치하면 안 된다. 우리가 하는 생각들은 대부분 근심, 걱정과 같은 부정적인 것들이기 때문에 그대로 내버려두면 큰 일이 난다. 왜냐? 내가 자주 하는 생각이 결국 내가 되기 때문이다.

떠다니는 생각의 고리를 끊어내기는 생각보다 어렵다. 말은 내뱉지 않으면 그만이지만 생각을 어떻게 컨트롤한단 말인가? '내가 지금 또 부정적인 생각을 하고 있구나.'하는 생각이 들면 바로 '감사합니다.', '사랑합니다.'와 같은 긍정적인 언어를 속으로 외쳐야 한다. 생각의 고리가 끊어질 때까지 말이다.

오래전에 들은 얘기다. 어린 남자애가 있는데 집안형편이 어려워 그 집 아버지가 교회로 데려왔단다. 교회에서는 후원금을 받으면서 힘든 가정의 아이들을 돌보아주고 있었던 것이다. 그런데 그 어린 남자애가 뛰어다니면서 놀 생각은 안하고 하루 종일 누워만 있더란다. 하도 이상해서 나중에 알아보니 그 집 아버지가 하루 종일 누워만 있었더란다. 결국 어린애는 부모의 모습을 똑같이 따라했던 것이다.

그래서 부모의 역할은 대단히 중요하다. 부모가 준 영향이 생각보다 무섭다는 걸 책에서, TV에서 많이 봤다. 애한테 잘하지 못하는 부모의 원인도 결국은 뿌리에 있다. 어릴 때 본인도 똑같이 상처를 받았던 것이다. 그런데 본인이 부모가 되자 저도 모르게 애한테 똑같이 하고 있었던 것이다.

나는 몇십 년 동안 아버지가 물려준 그늘에서 빠져나오려고 애를 썼다. 정작 아버지는 아무것도 모르는데 말이다. 그저 나 혼자만 죽어라 발버둥쳤다. 그런데 60이 넘은 아버지의 뒷모습이 눈에 들어오기 시작한다. 예전에는 참 위협적인 모습이었는데 이젠 다 늙어가는 모습을 보니 기분이 조금 묘했다. 누군가의 뒷모습이 눈에 들어오기 시작하면 사랑이 시작된 거란다.

이제 와서 사랑할 수 있을지 의문이 든다. 도저히 못 할 것 같지만 그래도 마음 한구석엔 여전히 사랑이 숨어있는 것 같다. 그게 대체 무슨 감정인지 나도 잘 모르겠다. 결국에는 애증이라고 해야 하나? 어쩌면 사랑과 증오도 동전의 양면처럼 분리 불가능한 것일지도 모르겠다.

부정적인 감정들로 고통 받는 시간이 마치 영원처럼 흘러가고 있을 때 나는 드디어 내게 한줄기의 빛을 선사해줄 구세주를 만났다. 바로 독서다. 이런 감정들이 떠오를 때마다 나는 책을 집어 들고 독서를 한다. 독서로 누그러지지 않는 걱정은 결코 없다고 한다. 책을 읽다 보면 부정적인 감정들이 줄줄이 도망간다. 그리고 한 권의 책을 덮은 후에는 더 나은 내 가 되어있다.

『백만장자 시크릿』이란 책에서는 의미를 부여하지 않는 한 그 무엇도 의미를 지니지 못한다고 말한다. 스스로 가치 있다고 말하면 그런 것이고 스스로 가치 없다고 말하면 가치 없는 사람이 된다는 말이다. 즉 당신이 스스로 지어낸 이야기에 따라 살아간다는 뜻이다.

나의 가치는 나 스스로가 정한 것이다. 잠재의식에 내 자신의 가치를 새겨라. 무엇을 새기든 새기는 대로 될 것이다.

한 문장이라도 매일 조금씩 읽기로 결심하라.

하루 15분씩 시간을 내면 연말에는

변화가 느껴질 것이다.

– 호러스 맨

06

나는 독서를 통해
열등감과 죄책감을 이겨냈다

나의 열등감과 죄책감은 한 곳으로부터 출발한다. 바로 내가 고졸이라는 사실에서부터다. 고졸인데 왜 죄책감이 들까? 이 죄책감은 나 자신에 대한 것이다. 비록 환경 탓이 크긴 했지만 나는 결코 최선을 다하지 못했다는 죄책감에서 자유로울 수 없었다. 이 세상의 척도는 스펙이다. 내가 내 자신을 어떻게 생각하는지와 전혀 상관이 없이 세상은 나로 하여금 열등감을 느낄 수밖에 없도록 만들었다. 그 열등감은 또 나로 하여금 나자신에게 죄책감을 느끼도록 만들었다. 그들은 10년 넘게 그림자처럼 나를 졸졸 따라다니다 어느 순간 감쪽같이 사라져버렸다.

나는 학창시절 공부를 열심히 하는 사람은 아니었다. 다만 시험보기 전 벼락치기 공부를 하고, 노력보다 점수가 잘 나오는 사람이었다. 공부를 열심히 하지 않았던 이유를 꼽자면 집안 환경이 공부할 환경은 아니었기 때문이다. 핑계처럼 들리겠지만 집에 오면 매일이다 시피 술상이 펼쳐져 있는데 그 옆에서 공부하고 싶은 생각이 들겠는가. 얘기했다 시피 우리집은 내 방이 따로 없었다. 솔직히 하루빨리 집을 벗어나고 싶은 생각밖에 들지 않았다.

학창시절 나는 줄곧 불평불만이 많은 사람이었다. 그 불평불만은 사회나 외부 환경에 대한 것이 아니라 내부 환경, 즉 가정환경에 대한 것이었다. 아버지는 나에게 공부하라고 한 적도 없고 내가 공부할 수 있는 환경을 만들어주기 위해 노력한 적도 없다. 하지만 시험점수가 나오면 또 희한하게 집착했다. 그래서 벼락치기를 했던 것이다. 중학교 때는 반에서 10등 안에 항상 들었는데 고등학교에 올라가면서 공부하기가 너무 싫어졌다.

사춘기가 늦게 왔는지 고등학교 때는 친구들에게 예쁜 모습이고 싶고, 튀고 싶고 그랬던 것 같다. 짝사랑하는 남자애한테 잘 보이고 싶고 옆자리 친구가 잘생겨서 기분 좋고 그랬다. 다들 비슷했다. 남자애들은 멋지게 차려 입고 여자애들한테 잘 보이고 싶어 했고 여자애들도 마찬가지로 자신을 예쁘게 꾸미고 염색도 하고 옅은 피부 화장도 하고 다녔다. 그런데 나는 남들과 너무 비교되었다. 피부 화장은커녕 폼 클렌저 하나 사기도 힘들었다. 항상 세수 비누로 세안했다. 스킨 로션이나 선크림은 꿈도 못 꿨다.

남과 비교하는 것은 가장 빨리 불행해지는 방법이다. 한 반에 60명도 넘는 친구들과 어울리는 환경 속에서 비교를 안 할래야 안할 수가 없었다. 나는 옷도 한 학기에 한 번 정도 살 수 있었는데 그것도 싸구려밖에 살 수 없었다. 누구는 엄마가 딸이 학교에서 예쁘게 보이라고 옷도 그렇게 신경 써서 사 입힌다고 했다. 그런 얘기를 들을 때마다 마치 다른 나라 얘기 같았다. 너무 부러웠다. '나도 꾸미고 다니면 쟤보다 더 예쁠 텐데.'라는 생각도 들고 암튼 그랬다. 참 씁쓸한 추억이다. 부모의 사랑이든 무엇이든 꼭 그때 당시에 충족돼야만 하는 게 분명히 있다. 지금 아무리 비싸고 럭셔리한 옷을 사 입는다고 해도 그 추억은 변하지 않는다.

이런 감정들에 얽매이다 보니 학교에서도 공부하기가 싫어졌다. 그래서 공부에서 아예 손을 놔버렸다. 한동안 반에서 학부형회의도 하지 않았다. 그러니 공부할 필요성을 더더욱 못 느꼈다. 그러다 2학년 중간고사 때 갑자기 학부형회의를 한다는 것이었다. 큰일이었다. 그때쯤 공부를 놔도 너무 놔버렸던 것이다. 성적표를 본 순간 나는 기절할 뻔했다.

글쎄 60여 명 가운데 50등을 했던 것이다. 이런 등수는 처음이었다. 가는 날이 장날이라고 하필 이런 등수를 받았을 때 학부형회의라니, 맙소사! 학부형회의가 끝나기를 마음 졸이며 기다렸는데 다행히 아버지는 뭐라 뭐라 말을 많이 하긴 했지만 생각보다 크게 혼나지는 않았다. 나는 정신을 바짝 차려야만 했다. 다음 시험 성적에 나의 목숨이 달려 있었다.

나는 달라졌다. 수업시간에도 멍 때리지 않고 열심히 들었고 집에 와서 숙제도 열심히 했다. 그랬더니 기말고사에는 6등을 했다. 친구들은 머리가 비상하다며 감탄을 했다. 하지만 아버지는 그저 "6등은 아무것도 아니야. 1, 2등은 해야지."라고 말씀하셨다. 하지만 그 이후로도 나는 공부에 집중이 잘 되지 않았다. 그렇게 대충대충 하다 보니 시험 점수는 그저 운이었다. 20등 안에 들 때도 있었고 어떤 때는 뜻밖에도 2등을 한 적도 있었다.

드디어 운명의 대학입시가 코앞으로 다가오고 있었다. 나도 더는 환경 탓만 하면서 손 놓고 있을 수만은 없었다. 입시 일주일 전 나는 간만에 집에 와서 산더미 같은 시험지와 교재를 꺼내 놓았다. 본격적으로 나의 주특기인 벼락치기 공부를 시작하려고 하는데 집안 환경은 여전히 나를 도와주지 않았다. 마음속에서는 주체할 수 없는 분노가 일었다. 나는 그 자리에서 시험지를 모두 찢어버렸다. 지금 생각해보면 나의 미래까지 같이 찢어버린 것이었다.

공부를 워낙 안 했고 학교에 가지 않은 날도 수두룩했다. 당연히 대학 입시 성적도 불 보듯 뻔했지만 마지막 시험에서는 반에서 10등을 했는지라 일말의 희망은 갖고 있었다. 그러나 성적은 내가 예상했던 것보다 훨씬 안 나와서 내가 지원했던 대학에는 갈 수가 없었다. 하지만 대학이 넘쳐나는 시대에 갈 수 있는 곳은 많았다.

그러나 아버지가 지원해줄 것 같지 않아서 나는 대학을 가지 않았다. 담임선생님이 전화로 유학 갈 마음은 없냐고 물어보셨다. 일반 대학도 가기 힘든 형편에 유학은 꿈도 꿀 수 없었다. 나는 가고 싶지만 형편이 안 된다고 말씀드렸다. 나중에 들어보니 반에서 대학 안 간 사람이 없었다. 자의로 안 간 친구 빼고 말이다. 씁쓸했다.

하지만 사회적 잣대는 장난이 아니었다. 채용공고에서 벌써 학력에 대한 요구를 쓰지 않는가. 대부분 대졸 혹은 전문대 이상을 요구했다. 그때부터 나의 열등감이 시작되었다. 능력과는 별개로 그저 학력으로만 평가받는 게 너무 싫었다. 어떤 직장에서는 똑같은 업무를 시키면서도 학력별로 월급을 책정했다. 억울하긴 했으나 돈과 시간을 더 써서 대학을 다녔으니 그것에 대한 보상이라고 볼 수 있겠다 싶었다. 만약 똑같은 일이라고 월급도 똑같이 주면 그 사람들도 불만이겠지. 정작 나는 고졸이라고 내 자신을 낮게 평가하지 않는데 사회 평가 시스템 자체가 나를 루저로 만들었다.

세계적으로 성공한 사람들 중에는 대학을 나오지 않은 사람들이 수두룩하다. 아시아 최고 재벌인 리자청도 고등학교를 중퇴했다. 책에는 대학은 더 좋은 직장에 들어가기 위한 수단일 뿐이지 성공과는 아무런 관계가 없다고 한다. 꾸준한 독서를 통해 나는 고졸로 인한 열등감과 죄책감에서 완전히 벗어났다. 나는 나의 가치를 학력으로 매기는 직장에는 앞으로 절대 취업하지 않을 것이다. 지금 내가 하고 있는 캐디라는 직업은 고졸이든 대졸이든 똑같은 대우를 받는다. 그래서 하고 있는 것이다. 나는 앞으로 작가로 살면서 그동안 내가 해보고 싶었던 것들을 모두 해볼 것이다.

남의 책을 읽는 데
시간을 보내라.
남이 고생한 것에 의해
쉽게 자기를 개선할 수 있다.

– 소크라테스

07

열심히만 하면
잘될 줄 알았는데

겉보기엔 모든 사람들이 열심히 살고 있는 것처럼 보인다. 그런데 왜 가난한 사람이 훨씬 더 많을까? 지어 어떤 사람들은 정말 열심히 사는 것 같은데 왜 저런 환경에서 벗어나지 못하는지 의문이 들기도 한다. 대체 무슨 차이가 있을까? 꾸준한 독서를 하고나니 그 원인을 알 것 같았다. 그들은 생각 없이 살아가기 때문에 사는 대로 생각할 수밖에 없었던 것 이었다. 물론 나도 그렇게 살아왔다. 생각 없이 살아간다는 것은 꿈과 목 표가 없다는 의미이다. 그러니 하루살이 인생을 살아가는 것이다.

낮은 의식 상태로는 열심히만 한다고 절대 잘될 수 없다. 그래서 가난한 사람은 평생 가난하고 부자는 더더욱 부자가 되는 것이다. 요즘 세상에서는 열심히 산다고 해서 누구나 다 잘 되는 것이 아니다. 보라, 주변에 열심히 살고 있는 사람들이 넘쳐난다. 모두가 열심히 사는 세상에서는 제 아무리 열심히 산다고 한들 티가 나지 않는다. 당신이 남들보다 훨씬 더 열심히 산다고 자부할 수 있는가?

열심히 사는 것은 어느새 기본중의 기본이 되어버렸다. 열심히만 산다고 해서 잘 될 수 없는 이유이다. 성공하려면 뭔가 달라야 한다. 꿈 맥을 좇는 사람들이라면 충분히 다르다. 꿈을 위해 열심히 사는 사람들은 무엇보다 명확한 목표가 있다. 목적이 없는 삶은 우리를 방황하게 만든다. 어디로 가야할지 모르기 때문이다. 방황하는 삶은 정처 없이 떠돌아다니는 나그네의 삶과 별반 다르지 않다. 그러니 어떻게 성공한단 말인가? 하지만 꿈이 있고 명확한 목표가 있는 사람들은 곧장 목표지점을 향해서면 길을 떠난다. 그 길이 아무리 멀지라도, 가는 도중에 수많은 장애물을 만나더라도 목적지를 알기 때문에 이겨낼 수 있다. 하지만 명확한 목표가 없는 삶은 장애물 앞에서 좌절한다. 장애물 너머에 아무것도 보이지 않기 때문이다. 나의 예전 모습이 딱 그랬다.

대하소설 『태백산맥』, 『아리랑』을 쓴 소설가 조정래는 이렇게 말했다.
"최선을 다했다는 말을 함부로 쓰지 마라. 최선이란 자신의 노력이 스스로를 감동시킬 수 있을 때 비로소 쓸 수 있는 말이다."

그는 스스로 6년 동안이나 '글 감옥'에 갇혀 『태백산맥』을 집필했다.

당신은 이런 노력을 할 용기가 있는가? 나는 없다.
인생은 정직하다, 그래서 가혹하다.

세상에는 피나는 노력으로 성공한 사람들도 많이 있다. 눈물 나는 노력으로 타고난 척박한 환경을 이겨내고 자수성가한 사람들 말이다. 하지만 쉽지 않다. 평범한 사람들의 의지로는 부족하다. 책에서 인생은 '마음먹기'에 달렸다고 한다. 맞는 말이다. 그런데 그놈의 '마음먹기'가 그렇게 힘들다. 어떻게 먹어야 하는 건지 좀처럼 알 수 없다. 대한민국 사람들은 참 열심히 산다. 누가 봐도 열심히 사는 것처럼 보인다. 그런데 왜 인생은 좀처럼 변하지 않는 걸까? 책에서는 당신은 겉보기에 열심히 살고 있을 뿐이라고 말한다.

나는 그동안 여러 직장을 전전했지만 한 번도 일하면서 농땡이를 부린 적은 없다. 무슨 말이냐면 다른 직원들은 '받는 만큼만 일한다.'는 주의였지만 나는 항상 열심히 하려고 애썼다. 모두 내 꿈과는 거리가 먼 일이라 열정도 없었지만 그래도 월급 받고 다니는 직장이니 최선을 다하고 싶었다. 사장님이 있든 없든 나는 열심히 했다. 어떤 생각이었냐면 사장님은 나를 지켜보고 있지 않지만 그 누군가는 나를 지켜보고 있다. 그게 하나님이든, 기타 신이든 지간에 말이다. 누가 지켜보고 있을 때보다 아무도 없을 때 열심히 일하는 것이야말로 2배, 3배로 축복 받는 일이라고 여겼던 것 같다. 하지만 꿈과 목표가 없이 열심히만 사는 것은 위험한 일이다. 그런 삶은 마치 방향키가 없는 배처럼 정처없이 흘러가다가 결국 원하지 않는 곳에 불시착해버리고 만다.

열심히만 한다고 잘되는 시대는 이미 오래전에 지나갔다. 우리는 탁월해져야만 한다. 책에서는 말한다. 탁월함은 모든 차별을 이겨내는 유일한 방법이라고. 그것이 인종차별이든, 성차별이든, 국적차별이든, 민족차별이든 말이다. 다른 사람들이 당신에 대해 선입견과 편견을 가지고 있더라도 당신이 탁월한 사람이 된다면 아무도 당신을 얕볼 수 없다. 탁월해지는 방법은 남들과는 다른 길로 가야 한다는 걸 의미한다. 그 길은 성공자들에게 물어라. 그들은 책 속에 있다.

내 인생을 바꾼 한 줄 명언

목표가 없는 사람은

목표가 있는 사람을 위해

평생 일해야 하는

종신형에 처해져 있다.

– 브라이언 트레이시

08

1년에 100권만 읽어도
달라지는 것들

한 권의 책에는 무려 저자의 몇십 년 동안의 삶의 경험과 지혜가 고스란히 녹아 있다. 하물며 올해 34 살 인 나도 30년 동안의 경험을 갖고 이 책을 쓰지 않았는가. 한 분야에서 전문가가 되고 싶으면 그 분야의 책 100권만 읽으면 충분하다는 말이 있다. 그 책 100권을 읽으면 해당 분야 전문가들의 몇백 년 동안의 노하우를 훔쳐오는 것과 똑같다.

그런데 만약 책을 전혀 읽지 않고 그 분야에서 전문가가 되려면 시간이 굉장히 오래 걸릴뿐더러 성공여부도 장담할 수 없게 된다. 거인의 어깨에 올라서서 시작하면 빨리 갈 수 있고 쉽게 갈 수 있다. 굳이 평탄한 아스팔트길을 놔두고 비포장도로로 갈 필요는 없다.

편안하고 익숙한 환경 속에서는 절대 새로운 사고와 자극이 생겨날 수 없다. 그래서 여행이나 독서를 해야 한다. 여행은 자주 할 수 없는 게 현실이다. 하지만 독서는 맘만 먹으면 아무 때나 할 수 있다. 책에서는 바보들은 노력만 하고 똑똑한 사람들은 환경을 바꾼다고 한다. 나도 이 문장을 읽고 환경을 바꾸려고 애썼다. 그런데 어렵지 않은가. 나는 가장 손쉽고 빠른 방법으로 독서를 택했다. 독서를 하는 동안 나는 전혀 다른 세상으로 여행을 간다.

책에서는 성공하고 싶으면 성공한 사람들과 어울려야 하고 100억 부자가 되고 싶으면 100억 부자와 어울리라고 한다. 그런데 솔직히 끼리끼리 어울리려고 하지, 크게 성공한 사람들과 100억 부자가 우리 같은 사람들과 어울리려고 하겠는가? 지금은 자본주의 시대다. 그들이 우리와 어울려서 득이 될 것이 없지 않은가. 사고자체가 아예 다르기 때문에 그들이 우리와 어울리게 되면 우리에게 기를 빼앗긴다. 그들은 되는 방법만 생각하는 긍정주의자들이고 대부분의 평범한 사람들과 가난한 사람들은 하지 못하는 핑계만 찾는 부정적인 사람들이다. 그러니 함께 있으면 얼마나 힘들겠는가. 당신도 당신보다 부정적이고 어둡고 우울한 사람과 함께 있으면 기를 빼앗기는 기분이 들지 않는가. 같은 이치다.

나는 고민했다. 그럼 나는 어떻게 해야 할까? 그래, 그거다. 책을 읽으면 된다. 성공한 사람들과 100억 부자, 천억 부자, 지어 조 단위의 부자들까지도 책 속에 있다. 우리는 책 속에서 부자들과 데이트를 즐기면 된다. 그 사람의 노하우와 지혜, 경험과 교훈을 흡수하고 더 나은 삶을 사는 것이다. 얻는 것에 비하면 책값은 공짜나 다름없다. 만약 실제로 그 사람의 강연을 듣거나 직접 만나서 가르침을 받으려면 어마어마한 비용이 든다. 워런 버핏과 식사 한 끼를 하려면 얼마나 큰 비용이 드는지 당신도 잘 알지 않는가. 당신이 잘 응용만 한다면 그 사람의 저서를 읽는 것만으로도 많은 부분이 해결된다.

그런 책들을 딱 100권만 읽어보자. 100권을 읽는 과정에서 당신은 독서의 매력에 푹 빠져 거기에 그치지 않을 것이다. 목표가 너무 큰 것 같다고 느껴지면 50권도 괜찮다. 그 이하는 당신의 삶을 뚜렷하게 변화시키기 힘들다. 물론 질로 승부해서 진짜 좋은 책을 골라 읽고 또 읽어 완전히 자기 것으로 만든다면 그것도 나쁘지 않은 선택이다. 독서로 내가 달라질 줄 알았다면 나는 오래전부터 읽었을 것이다. 그때는 내안에 갇혀서 다른 사람의 말을 받아들일 마음의 준비가 되어있지 않았다.

지금의 나는 책이 들려주는 이야기에 마음이 활짝 열려있다. 100권의 책을 읽고 나에게는 많은 변화가 있었다. 하는 말이 달라지고, 하는 생각이 달라지고, 하는 행동이 달라졌고, 마음태도가 달라졌으며 그 외에도 수없이 많다. 하지만 이 모든 게 달라진 원인은 결국 하나다. 바로 의식이 달라졌기 때문이다. 책을 많이 읽는 사람이 아니라면 '의식'이란 단어가 생소할 수도 있다. 평소에 쓸 일이 없기 때문이다. 우리가 생각지도 못한 이 '의식'이 우리의 삶을 지배하고 나아가 우리의 모든 것을 지배한다.

나를 바꾸고 싶은가? 간단하다. 의식만 바꾸면 된다. 다시 말해서 의식이 바뀌기 전까지 우리의 삶은 절대 변하지 않는다. 모든 사람들이 다 의식이 높아지면 아무도 직장에 다니려고 하지 않을 것이다. 직장에서 우리는 현실판 노예이기 때문이다. 그래서 직장에서는 절대 의식이 높아지는 강의를 직원들에게 들려주지 않는다. 주로 직원들이 직장에 더 충성할 수 있도록 서비스교육 위주의 강의를 들려준다.

우리는 깨어있을 때 항상 무언가를 생각하거나 느끼고 있다. 간단하게 말하면 이것이 '의식'이다. 그런데 이 '의식'이라는 것이 쉽게 바뀌지 않는다. 우리가 늘 똑같은 삶을 살아가는 이유다. 양질의 책을 많이 읽다보면 스스로 의식이 높아졌다는 것을 느끼게 된다. '예전 같으면 나도 저렇게 생각했을 텐데 지금은 이렇게 생각하네? 내가 많이 달라졌구나.'하는 생각이 들 것이다.

예전에는 주변 친구들과 비슷한 생각을 갖고 있었는데 어느새 그들과 조금씩 달라지는 내 자신을 느끼게 된다. 그것이 바로 '의식변화'이다. 의식의 변화를 맞이하는 순간부터 당신 주변의 모든 것이 조금씩 달라지기 시작한다.

나는 책에서 '항상 앞자리를 사수하라'는 문장을 읽고는 강의를 들을 때 항상 앞자리를 찾아 앉았다. 대부분 사람들이 앞자리를 선호하지 않으니 오히려 내겐 더 좋았다. 똑같은 돈을 내고 강의를 듣는데 더 많이 얻어 가는 게 좋지 않을까? 우선 앞자리에 앉으면 딴 짓을 하기가 어렵기 때문에 자연스레 강의에 더 집중할 수 있다. 아무리 별로인 강의라도 열심히 듣다보면 한 가지는 얻어갈 수 있다.

책에서는 그 사람의 집안 상태가 바로 그 사람의 현재 정신 상태라고 한다. 그 후 자세히 관찰해보니 내 머릿속이 복잡할 때마다 방 상태 역시 엉망이었다. 복잡한 머릿속을 청소할 수 있는 방법은 없었다. 그때마다 나는 얼른 일어나 열심히 방 청소를 했다. 그리고 신기하게도 방이 깨끗해지면 내 머릿속도 어느 정도 정리되었다. 경찰이 사건을 해결할 때 범인이 거주하고 있는 아파트는 알지만 어느 집에 사는지는 모르는 경우가 있다고 한다. 그때 경찰들은 아파트 앞에 서서 집집마다 베란다를 살핀다고 한다. 보통 물건이 지저분하게 쌓여있고 제일 더러운 베란다가 범인의 집이라는 것이다. 놀랍지 않은가? 집안 상태가 그 범인의 현재 정신 상태였던 것이다.

책에서는 물질구매보다는 경험구매를 하라고 한다. 둘은 첨에는 같은 크기의 행복을 주지만 물질구매의 기쁨은 점점 시들해지는 반면 경험구매로 인한 기쁨은 지속적으로 이어진다고 한다. 이 글을 읽은 이후 나는 경험구매에 각별히 신경을 썼다. 예전에는 하던 것만 하고 먹던 것만 먹었는데 이제는 새로운 경험을 하는데 의의를 두었다. 평소에 하지 않던 일을 많이 하기로 결심한 것이다. 고가의 강의를 들으러 다니기도 하고, 평소 이용하지 않던 교통수단을 이용하기도 하고, 같은 값이면 경험하지 않았던 것을 선택했다. 결과는 대만족이었다. 그동안 나는 틀에 박힌 삶만 살았던 것이다. 물질구매는 자주 내게 실패라는 감정을 가져다주었지만 경험구매는 내게 성공이나 실패가 아닌 '경험 그 자체'로 의미를 가져다주었다.

사람들은 쉽게 자신의 성공비결을 다른 사람에게 알려주지 않는다. 쉽게 알려주면 쉽게 생각하기 때문이다. 아무렇지도 않게 타인의 호의를 받고 감사함마저 모르는 사람들이 이 세상엔 너무도 많다. 그런데 그렇게 갖은 고생을 겪고 나서 터득한 성공 비결을 가장 싼 가격으로 알려주는 것이 바로 책이다.

스티브 잡스는 2005년에 스탠퍼드 대학 졸업 축사에서 '점의 연결'에 대해 얘기한 바 있다. 지금은 예측할 수 없지만 모든 점은 미래와 연결된다고 했다.

책 한 권은 하나의 점이다. 그 점들이 모여서 우리의 미래와 연결된다. 그리고 확실한 것은 독서는 우리를 더 나은 사람으로 만들어 준다는 것이다.

인간의 위대함은

세상을 개조할 수 있는 데 있는 것이 아니라

스스로를 개조할 수 있는 데 있다.

– 마하트마 간디

Chapter 3

누구나 책을 읽으면
거짓말처럼 바뀌기 시작한다

01

책을 읽자 생각이
바뀌기 시작했다

독서의 최대 장점은 꾸준히 읽다 보면 늘 하던 생각이 바뀐다는 것이다. 우리는 신선한 충격을 받았을 때 생각이 바뀐다. 하지만 현실 생활에서 그런 일은 많지 않다. 그러나 책은 다르다. 한 권의 책은 하나의 세계를 경험하는 일이다. 그 경험을 통해 우리의 생각은 서서히 바뀌기 시작한다.

나는 생각이 많은 사람이다. 예전에는 사실 이게 큰 결점인 줄 몰랐다. 신중해서 좋다고까지 생각했다. 하지만 오랜 세월 살아보니 나의 치명적인 단점으로 작용했다. 생각이 많은 사람은 행동을 잘 안 한다. '아직 생각하는 중이야.'라는 그럴듯한 핑계를 대면서. 책에서는 사람의 그릇은 고민이나 번뇌가 적을수록 크다고 말한다. 그런데 나는 고민이나 번뇌가 넘쳐나는 사람이었다. 그러니 똑같은 크기의 그릇이라고 해도 그것들을 꾸역꾸역 담다 보니 결국 남는 공간이 없었다. 그러니 옹졸할 수밖에. 우리의 그릇을 키워줄 수 있는 건 오직 책과 경험뿐이다.

우리가 변하지 않는 이유는 생각이 바뀌지 않았기 때문이다. 생각이 바뀌지 않으면 아무것도 바뀌지 않는다. 놀라운 사실은 지금 우리 각자의 눈앞에 펼쳐진 세상은 바로 우리의 생각이라는 것이다. 우리가 늘 생각해왔던 것들이 우리 눈앞에 펼쳐지고 있다는 말이다. 그동안 내가 했던 수많은 번뇌와 고민들이 결국은 이런 방식으로 내 눈앞에 나타난 것이다. 나는 어두운 세상에 살면서 영향을 받았고 자연스레 부정적인 사람이 되어버렸다. 그러니 오랜 시간 동안 내 인생이 내 뜻대로 안 됐던 것 역시 나의 생각 때문이었다. 그런데 꾸준한 독서로 생각이 조금씩 바뀌면서 내가 살고 있던 세계도 점차 바뀌어갔다. 어릴 적 그 많던 꿈 중에서 결국 소중한 하나를 이루지 않았는가. 생각의 변화가 없었다면 이 또한 불가능한 일이라고 생각한다.

그런데 사실 생각이란 게 아주 짧은 순간에도 오만 가지 생각이 든다고 표현할 정도로 우리가 컨트롤하기 힘든 게 사실이다. 특히 부정적인 생각일수록 머릿속에서 떠나보내기 어렵다. 그 이유는 무엇일까? 그 생각에 집착하기 때문이다. 우리 앞에는 다양한 선택지가 있다.

왜냐면 생각의 종류가 그만큼 다양하기 때문이다. 그런데 그중 하나에 집착하면 다른 것은 전혀 보이지 않는다. 그리고 집착하면 집착할수록 그 생각을 내 머릿속에 꽁꽁 묶어두는 꼴이 되기 때문에 내가 선택한 생각이 바로 '나'가 되는 것이다. 어디까지나 선택은 내가 하는 것이다. 부정적인 생각을 선택해서 어두운 인생을 살 수도 있고 긍정적인 생각을 선택해서 밝은 인생을 살 수도 있다.

우리는 가끔 쉬기 전날 '내일은 이것저것 다 하면서 충실한 하루를 보내야지.'하고 스케줄을 미리 짜놓는다. 하지만 현실은 어떤가? 아침에 눈 뜨는 순간부터 일어나기가 싫다. 조금만 더 자자. 한 시간만 더 자자. 한 시간 뒤에 깨면 '아~, 일어나기 싫어, 조금만 더 자자.' 그러다 점심때 일어난다. 일어나서 밥 먹고 나면 오후가 된다. 밥 먹고 나니 또 나른하다. '밥을 금방 먹었으니까 30분만 쉬자. TV나 봐야지.' TV를 켠다. 30분은 금방 지나간다. 그런데 끄지를 못한다. '그래, 30분만 더 보자.' 그렇게 30분은 1시간이 되고 2시간이 된다. 어느덧 해가 뉘엿뉘엿 서쪽으로 넘어가고 있다. 허무함과 자괴감이 밀려온다. '아, 오늘은 진짜 열심히 해보려고 했는데 진짜 왜 이러냐? 내일부터 열심히 해보자.' 그렇게 오늘은 내일이 되고 내일은 내년이 된다. 왜 이렇게 움직이기가 힘든 걸까?

우리는 관성의 동물이기 때문이다. 여태까지 몇십 년을 하루같이 그렇게 살아왔는데 어떻게 갑자기 변할까? 반복적인 행동에는 강력한 힘이 있다.

우리의 생각이 바뀌지 않는 한 행동도 바뀌지 않는다. 그러면 어떻게 해야 될까? 뭔가를 하기로 결심했다면 생각 따위 무시하고 행동부터 해야 한다. 두려움과 고민은 행동하는 순간 사라지기 때문이다. 하다못해 청소라도 해야 한다. 행동을 하고 있는 동안 뇌는 우리를 부지런한 사람으로 인식한다. 그러다 어느 순간 우리는 스케줄대로 움직이게 된다.

혹시 당신은 당신을 어떻게 생각하는가? 나는 내가 살아온 경험에 의거하여 나는 게으른 사람이라고 생각하고 있었다. 내가 나를 어떻게 생각하면 나는 그 모습대로 된다. 우리는 누구나 무궁무진한 잠재력을 가지고 있다. 잠재력을 발휘하면 못해낼 일이 없다고 한다. 잠재력이야말로 금수저, 은수저보다 훨씬 위대한 것이다. 하지만 우리는 우리가 이미 갖고 있는 것에는 큰 관심을 기울이지 않는다. 지어 이런 사실조차 모른다. 그래서 우리는 책을 읽어야 한다. 어쩌면 평생에 걸쳐서 알까 말까한 사실마저 독서를 통해서 쉽게 알 수 있다. 그런데도 사람들은 독서를 중요시하지 않는다. 나를 바꾸려면 내가 나를 바라보는 시선부터 바꿔야 한다. '나는 게으른 사람'이라고 생각하고 있다면 이제부터 자기 암시를 이용해 '나는 부지런한 사람'이라고 바꿔 생각하자.

내가 매순간 하는 사소한 생각들이 내 인생을 이렇게 만든 주범이라고 생각하면 이제부터 절대 생각을 의식의 흐름대로 흘러가게 내버려둬서는 안 된다. 생각을 컨트롤해야 한다. 컨트롤할 수 없다면 부정적인 생각이 들 때마다 몸을 움직여서 청소를 하거나 '감사합니다'를 끊임없이 외쳐보자. 부정적인 생각의 고리가 끊어질 때까지 말이다. 그러다보면 어느 순간 당신은 긍정적인 자기 자신을 만나게 될 것이다.

생각의 바다에 빠져 살다보면 생각은 곧 그게 나라고 생각한다. 그래서 우리가 자주 하는 생각은 우리가 되는 것이다. 그 이유는 우리가 자주 하는 생각은 잠재의식에 각인이 되기 때문이다. 잠재의식에 각인이 된 사실은 변화시키기 어렵다. 부정적인 생각을 했던 시간만큼 긍정적인 생각을 잠재의식에 새겨야 한다. 그래서 항상 긍정적인 생각을 유지하는 것이 중요하다. 과거와 비슷한 오늘을 영원히 사는 사람이 되어서는 안 된다.

나의 현재 상태는 내가 머물러 있는 의식 상태에서 비롯되었다. 우리의 미래는 잠재의식이 결정짓는다. 그러므로 잠재의식을 바꾸려면 평소 우리가 하고 있는 생각이 바뀌어야 한다. 그러나 이날 이때까지 이렇게 살아왔는데 갑자기 생각이 바뀔 리가 없다. 우리에게는 새로운 자극이 필요하다. 특히 그 자극이 신선하고 충격적일수록 기존의 고리타분한 관념을 바꾸기도 쉬워진다. 여행도 답이 될 수 있고 독서도 답이 될 수 있다. 하지만 날마다 더 쉽게 할 수 있는 게 독서다. 남들이 오랜 시간 동안 깨우친 것들을 읽어보기만 하면 된다. 얼마나 손쉬운 일인가! 책을 읽으면 당신의 생각도 바뀌기 시작할 것이다.

거듭 되풀이하여 반복되는 생각은 결국 우리가 된다. 그것이 거짓이든, 진실이든 우리의 신념이 되는 것이다. 왜냐면 반복되는 생각은 잠재의식에 새겨지고, 잠재의식은 우리를 조종하고 있는 중앙장치이기 때문이다. 긍정적인 자기 암시가 중요한 이유다. 부정적인 사고방식은 우리를 어둠으로 이끌고, 긍정적인 사고방식은 우리를 희망으로 이끈다. 당신은 당신이 생각하는 모습대로 된다.

내 인생을 바꾼 한 줄 명언

우리가 지금 여기, 이 모습으로 있는 것은

우리가 애초에 그렇게 보고 상상했기 때문이다.

– 도널드 커티스

02

내 삶에 영향을 미치는
독서를 하라

의미 있는 독서란 내 삶에 영향을 미치는 독서다. 내 삶에 아무런 영향도 미치지 못하거나 혹은 미미한 영향을 주는 독서라면 우리의 삶을 바꾸는 데 오랜 시간이 걸린다. 그렇다면 어떻게 내 삶에 영향을 미치는 독서를 할 것인가? 바꾸고 싶은 나의 모습이 있다면 그 모습이 생긴 이유와 해결방법까지 알려주는 책부터 읽어야 한다. 나에게 가장 필요한 부분부터 시작하는 게 가장 빠른 길이기 때문이다.

내게 필요한 책을 찾는 방법은 우선 제목이 끌려야 한다. 이건 마치 사람을 볼 때 비주얼을 먼저 보는 것과 같은 이치다. 필이 오는 사람을 만

나야 하듯이 필이 오는 제목을 찾아 사냥을 나서야 한다. 마음을 끌어당기는 제목을 찾았다면 이제 차례를 보자. 내게 필요한 차례가 있는가? 있다면 그 차례를 펼쳐보자. 내용이 나를 훅 끌어당기는가? 눈길이 가는 차례가 많은가? 무심하게 아무 페이지나 펼쳤는데도 글이 마음에 와 닿는가? 만약 그렇다면 그 책은 무조건 사야 한다. 그리고 한 번 읽고 끝나는 게 아니라 그 속에 내게 꼭 필요한 내용이 있다면 여러 번 읽어서 내 것으로 만들어야 한다.

김창옥 강사는 강의에서 이런 말을 했다.
"사람은 누군가의 말을 들으려고 할 때, 내 안에서 봄이 오기 시작한다."

우리가 변하려는 마음이 없으면 누군가의 말을 들으려고 하지 않는다. 우리가 누군가의 말을 들으려고 할 때는 바로 우리가 변화하려고 맘먹었을 때이다. 그 매체가 강의든 책이든 말이다. 그때 우리 안에서 서서히 변화가 시작되는 것이다. 변화는 바로 봄이다. 우리의 마음도 긴긴 겨울을 지나 봄을 맞는 것이다. 나도 진짜로 간절하게 변화하려고 마음먹었을 때 책이 눈에 들어왔다. 그전에도 방에는 항상 책이 있었다. 다만 읽고 싶은 마음이 들 때만 잠깐 잠깐 읽었고 한 번 읽은 책은 다시 펼치지 않았을 뿐이다. 꺼진 불도 다시 봐야 한다고 읽었던 책도 다시 읽으면 잊고 있었던 감동들이 파도처럼 밀려오면서 '이 책이 이렇게 좋은 책이었나? 하긴 몇 년 전에 읽었을 때도 좋다고 생각하긴 했어. 그저 감동만 느끼고 책을 닫아서 그렇지.'하며 뒤늦은 후회가 밀려왔다.

만약 부자가 되는 게 꿈이라면 세계적으로 유명한 부자들이 쓴 책들을 읽어보면 된다. 부자도 아닌 사람들이 쓴 책은 절대 읽으면 안 된다. 물론 그 속에도 유익한 부분은 있겠지만 당신이 원하는 게 중산층은 아니지 않는가. 우리에게는 결코 한계라는 게 없다. 당신이 10억 원만 벌면 소원이 없겠다고 말하는 건 자기 자신에게 한계를 설정했기 때문이다. '나는 이것밖에 되지 않는 인간이야. 내 주제에 어떻게 100억 원을 벌어.' 이렇게 말이다. 이 사실은 잠재의식에 각인이 되어있어서 당신 자신도 느끼지 못하는 사이에 작동하는 것이다. 큰 부자가 된 사람들의 책을 읽어야 큰 부자가 될 수 있다.

내가 읽었던 책 중에 물론 좋은 책도 많았지만 그 중 내게 가장 많은 영향을 준 책은 단연코 고이케 히로시가 쓴 〈우주시리즈〉 2권이다. 우주에 관한 책들은 조금 어렵고 재미가 없는데 이 저자의 책은 굉장히 재미있고 쉽게 읽힌다. 시리즈 2탄 『2억 빚을 진 내가 뒤늦게 알게 된 소~오름 돋는 우주의 법칙』에서는 사람들이 매일 입 밖으로 내는 모든 말이 주문인 셈이라고 했다.

여러분들도 이런 경험이 있지 않은가?

"오늘은 정말 재수 없어."라고 말하면 그날은 신기하게도 정말 하루 종일 재수 없는 일만 생기고 "오늘은 진짜 운이 좋은 것 같아."라고 말하면 그날은 이상하리만치 운이 좋은 일만 생기는 경험 말이다.

수많은 책에서 말은 우리가 상상할 수 없을 정도의 큰 에너지를 갖고 있다고 한다. 그래서 '세 치 혀가 사람 잡는다'는 속담도 있지 않은가. 그만큼 말은 강력한 에너지를 갖고 있기 때문에 혀를 잘못 놀리면 다른 사람을 죽일 수도, 다른 사람에게 죽임을 당할 수도 있다. 9cm 안팎의 짧은 혀가 남의 인생, 나아가 자신의 인생까지 좌지우지하는 것이다.

이 책을 처음 읽었을 때 나는 상당한 충격을 받았다. 그동안 부정적인 말을 아주 많이 하면서 살아왔기 때문이다. "아, 짜증나.", "내 인생은 왜 이 모양일까?", "꼴도 보기 싫어."등 수없이 많다. 그것들이 내가 우주에 보낸 주문이 된 것이다. 이 책에서는 우주는 옳고 그름을 판단하지 못하며 그저 우리가 원하는 것들을 이루어줄 뿐이라고 한다. 그 후부터 나는 말을 굉장히 조심스레 내뱉게 되었다. 부정적인 말은 최대한 하지 않으려고 노력했다. 그 말들이 모여 지금 내 모습이 되었다고 생각해보라. 절대 똑같은 실수를 반복하고 싶지 않을 것이다. 나는 이 책을 읽고 부정적인 생각 혹은 에너지를 쏟고 싶지 않은 것들이 머릿속에 떠오르면 무조

건 '감사합니다.'를 끊임없이 외쳤다. 우리는 실제로 감사한 일들이 생겨
야만 '감사합니다.'라고 말한다. 그런데 미리 '감사합니다.'라고 말하면 감
사한 일들이 줄줄이 생긴다. 감사한 일이 있어서 감사하는 게 아니라 먼
저 감사해야 감사한 일들이 생겨나는 것이다. 이 습관을 고수한 뒤로 나
에게는 운 좋은 일들만 생겼다. 말버릇이 이렇게 중요하다는 사실을 좀
더 빨리 알았더라면 벌써 인생이 바뀌었을 것이다. 삶에 영향을 미치는
독서를 해야 하는 이유다.

내 인생을 바꾼 한 줄 명언

진정한 책을 만났을 때는 틀림이 없다.
그것은 사랑에 빠지는 것과도 같다.

– 크리스토퍼 몰리

03

욱하고 예민하던 성격이
부드러워지기 시작했다

욱하는 성격을 가진 사람들은 사실 상처가 많은 사람들이다. 책에서는 욱하는 사람들은 누군가 자신의 상처를 툭하고 건드리면 자신을 지키기 위해 마음속에서 '사냥개' 한 마리가 튀어나와 미친 듯이 짖는다고 한다. 숨은 대사는 '더 이상 내 상처를 건드리지 마! 아무도 나를 상처 줄 수 없어!'이다. 그래서 상처투성이 나는 그동안 남들이 내 자존심과 상처를 조금만 건드려도 욱하고 폭발했던 것이다.

또한 예민하기 때문에 쉽게 욱한다. 예민한 이유도 누군가 나에게 상처를 줄까봐 유심히 살피기 때문이다.

지금이야 정말 많이 좋아졌지만 예전의 나는 다른 사람들 눈에 조금 괴팍한 사람으로 비춰졌을 거다. 여러 사람들과 함께 어울리는 장소를 별로 좋아하지 않았고, 혼자 다니기 좋아했고, 성격은 욱하고 화가 많았고, 옹졸하고, 아무튼 그랬다. 하지만 정말 감사한 게 학창시절 나와 친하게 지냈던 친구들은 그런 나의 성격을 다 받아주었다. 그러니 그들과 같이 있으면 화를 내지 않게 되었다. 다 받아주는데 미안해서 어떻게 화를 낸단 말인가? 하지만 분명한 것은 성격이 센 사람들과는 맞지 않았다. 특히 권위적인 사람을 제일 싫어한다.

20대 중반에 중국에서 교회를 다녔을 때의 일이다. 예배가 끝나고 청년들이 교회 식당에 모여 밥을 먹게 되었다. 한참 먹고 있는데 화제가 혈액형으로 넘어갔다.

그런데 그 중 한 친구가 갑자기 나에게 "은희는 AB형일 것 같아."라고 하는 게 아니겠는가! 성격이 이상하다는 얘기라고 받아들여졌다! 그즈음 사람들이 AB형에 대한 편견이 그랬다. 화가 치밀었다. 나는 욱하면서 그 친구를 노려보며 큰소리로 말했다. "나도 내 혈액형을 모르는데 네가 뭔데 함부로 내 혈액형을 단정해?" 그때까지 나는 내 혈액형을 모르고 있었다. 하지만 주변에서 AB형 같다는 얘기를 빈번히 들었던지라 듣자마자 주체할 수 없는 분노가 치밀어 올랐다. 나중에 알게 되었는데 내 혈액형은 O형이었다. 내 말이 끝나자 순식간에 분위기가 싸늘해졌다. 그 친구도 더 이상 나에게 뭐라고 얘기하지 않았고 사람들은 서로 눈치를 살피다가 결국 다른 화제로 넘어갔다. 지금 같았으면 무척 창피했을 텐데 그때는 그런 게 없었다. 그저 내 감정을 표출하기 바빴다. 재미있는 사실은 지금 그 친구와 나는 친하게 지내고 있을뿐더러 한국에 올 때 같은 비행기를 타고 왔다는 것이다.

나는 꾸준한 독서를 하기 전까지 누가 나를 건드리기만 하면 바로 그 자리에서 말로 받아쳤다. 그런 나를 부러워하는 이들도 많았다.

"너는 어떻게 네가 하고 싶은 얘기를 다 하면서 사니? 정말 부럽다. 나도 그러고 싶은데 그게 안 된다."

"나도 너처럼 그 자리에서 할 말 다 하고 싶은데 화가 나면 아무 생각이 안 나. 무슨 말을 어떻게 해야 할지 머리가 안 돌아가."

"네가 개랑 싸우는데 내가 속이 다 시원하더라. 어떻게 너는 말을 금방금방 맞받아치니? 정말 부럽다. 걔 할 말을 잃어서 입 딱 닫았잖아."

그렇게 나는 나의 감정을 그때그때 표출했고 절대 만만한 사람으로 보이지 않기 위해 애를 썼다. 내가 맞다고 생각하는 일이면 절대 가만있지 않았다. 나는 강자한테는 강하고 약자한테는 약한 사람이었다. 그래서 선배든 뭐든 텃세를 부리거나 부당한 행동을 하면 가만있지 않았다. 물론 나도 삼세번은 참다가 폭발한다. 할 말 다 하면 속 시원하고 좋은 점도 있지만 안 좋은 점도 많았다. 예를 들면 나에게 당한 사람이 뒤에서 "쟤는 정말 싸가지가 없어. 할 말 다 한다니까."라고 뒷담화를 한다거나 팔꿈치는 안으로 굽는다고 그 사람과 친한 사람들이 이유 없이 나를 같이 싫어하면서 가끔 보복까지 감행하곤 했다. 예를 들면 화낼 일도 아닌데 눈에 불을 키고서 "너 왜 이거 안 해? 아직도 몰라?"이런 식이었다. 나는 그 모습이 너무 웃겨서 오히려 비웃으면서 "알았어요."라고 했으니 얼마나 나를 미워했겠는가. 책에서는 적을 만들지 말라고 했는데 나는 그동안 적을 참 많이 만들었다.

욱하고 예민하던 성격이 독서로 굉장히 차분해졌다. 책을 많이 읽자 사소한 일로 화를 내는 일조차 에너지 낭비라는 생각에 의미 없이 느껴졌다. 그래서 웬만하면 책에서 본 문장들로 마인드컨트롤을 했고 그래도 화가 나면 좋게 얘기하는 것으로 마무리하려고 했다. 그런데 작년에 억울한 일이 한번 있었다. 끝까지 참으려고 노력했는데 이런 일은 또 처음이라 자꾸자꾸 떠오르는 게 아니겠는가. 그래서 또 적을 만들어버렸다. 지금 생각하면 그냥 참고 넘어갈 걸 하는 생각이 들기도 한다. 그로인해 그와 친한 사람들의 이상야릇한 눈길은 덤으로 받았다. 사람들은 참 이상하다. 자기 자신과는 아무런 문제가 없었는데도 자신과 친한 사람 혹은 가까운 사람과 누가 모순이 생기면 잘잘못을 떠나 무조건 같은 편에서는 것은 물론이고 기분 나쁜 눈빛과 뒷담화까지 서슴지 않는다. 물론 모든 사람이 그런 것은 아니다. 하긴 나도 예전에 그런 적이 있었던지라 어느 정도 이해는 된다. 하지만 이제는 내 감정을 섞어서 누구를 흉보는 일은 자제한다. 왜냐면 독서로 험담은 내 인생을 악화시키고 불행하게 만드는 지름길이라는 걸 알았으니까.

독서로 욱하고 예민한 성격이 부드러워지는 이유는 독서에 치유의 힘이 있기 때문이다. 독서는 우리의 상처를 아주 조금씩 치유해준다. 처음에는 별로 티가 안 나지만 꾸준히 읽을수록 책속에서 우리와 비슷한 사람들의 이야기를 많이 접하게 된다. 그들의 이야기를 읽으면서 그들이 느낀 점, 경험과 지혜 등을 배우면서 공감하게 되고 치유를 경험하게 되는 것이다. '그동안 나는 참 잘못 살아왔구나.', '이제부터는 이렇게 해야겠구나.', '그동안 나는 참 부질없는 짓만 했구나.'하는 자기반성을 하면서 진리를 깨닫게 되는 것이다.

앞에서도 많이 언급했지만 "감사합니다."는 마법의 언어이자 주문이다. 거의 만병통치약 수준이다. 여기에 덧붙이자면 "사랑합니다."까지 하면 그 효과는 어마무시하다. 그래서 어떤 사람들은 아침마다 이 두 가지 언어를 수백 번씩 외치고 출근한다고 한다. 범사에 감사하면 완전히 새로운 인생을 살게 된다.

책 읽는 습관을 기르는 것은

인생에서 모든 불행으로부터

스스로를 지킬 피난처를 만드는 것이다.

– 윌리엄 서머셋 모옴

무엇이든 할 수 있다는
자신감이 생겼다

우리에게는 왜 무엇이든 할 수 있다는 자신감이 없을까? 가끔은 자신
감이 있는 것처럼 느껴지기도 하지만 결정적인 순간에 그 느낌은 우리를
배신해 버린다. 두려움에 자신감은 온데간데없이 사라져 버리는 것이다.
나는 그동안 여러 회사를 전전하면서 직장을 그만둘 때마다 앞으로 다른
회사에 취직하지 않고 나 혼자 할 수 있는 일을 해야겠다고 결심했다. 예
를 들면 프리랜서나 '1인 창업' 같은 것이다. 하지만 회사를 그만두고 나
서 2주쯤 지나면 어느새 불안한 마음에 구인구직사이트를 뒤지고 있는
내 자신을 발견하게 되었다. 정말 비참했다. 돌고 돌아 자꾸 원점으로 돌
아오는 느낌이었다. 마치 영원히 빠져나올 수 없는 운명의 수레바퀴 같

았다. 나는 주도적인 삶을 살고 싶은데 회사라는 집단에 종속되어 현실 판 노예로 살아갈 수밖에 없는 현실이 참 거지같았다.

아마 살면서 내가 다른 사람을 의식한다는 말은 들어봤어도 내가 내 자신을 의식한다는 말은 처음 들어봤을 것이다. 하지만 『네빌링』이라는 책에서는 자기 자신을 의식하지 않고 완전히 잊어버렸을 때 기적과 같은 일이 일어난다고 말한다. 우리가 평소 '나는 절대 할 수 없어'라고 생각하는 일들이 사실은 우리가 자기 자신에게 설정해 놓은 한계 때문이라는 말이다. 우리가 자기 자신을 너무 의식해서 벌어진 일이다.

그렇다면 다른 사람을 의식한다는 얘기는 무슨 뜻인지 알겠는데 내가 나를 의식한다는 말은 대체 무슨 뜻일까? 여기에서 '의식하다'의 의미는 '어떤 것을 두드러지게 느끼거나 특별히 염두에 두다.'라는 뜻이다. 우리는 평소에 사람이나 사물 혹은 현상에 대하여 선입견을 가지고 있다. 당신이 의식하지 못했겠지만 사실 우리는 우리 자신에 대해서도 선입견을 가지고 있다. 예를 들면 '나는 게으른 사람이야.', '나는 소극적인 사람이야.', '나는 운동을 싫어해.' 등. 이 모든 것은 내가 내 자신에 대한 평가라기보다는 선입견에 가까운 것들이다. 이런 선입견들은 우리가 자신에게 설정해놓은 한계이다. '나는 게으르기 때문에 그런 일은 절대 못해.'라든가 '나는 소극적이기 때문에 앞에 나서는 일은 절대 못해.'라든가 '나는 운동을 싫어하기 때문에 절대 몸짱이 될 수 없어.' 등이 그것이다.

그런데 이와 같은 생각들이 모두 사실일까? 곰곰이 생각해보자. 절대 아닐 것이다. 생계와 관련되거나 나에게 정말 중요한 일이라면 누구든 하게 되어 있다. 그저 내 성향은 이러하니 나를 피곤하게 만드는 일은 하지 않겠다는 뜻이다. 꼭 하기 싫은 일들을 해야만 성공한다고 하면 정말 그렇게 할지도 모른다. 사실 게으르고, 소극적이고, 운동을 싫어하는 것은 모두 나의 사례다. 나는 내 자신을 그렇게 평가했다. 아니, 정정하겠다. 나는 내 자신에 대해 그러한 선입견들을 갖고 있었다. 여러분들도 다른 사람한테 선입견이라는 것을 가져봤을 것이다. 선입견이라는 게 쉽게 없어지지 않는다. 하지만 이와 같은 선입견들이 없어지는 순간이 있다. 바로 나의 생각을 뒤집는 사건을 경험할 때이다. 만약 내가 평소에 할 수 없다고 생각했던 일을 잘해내는 경험을 하게 된다면 그 선입견은 그 자리에서 산산조각이 난다. '아, 사실 나는 누구보다 잘할 수 있는 사람이었구나.'라고 생각하면서.

위에 열거한 내가 나 자신에 대해 갖는 선입견들은 나는 '이러이러한 사람이다.'라고 말하고 있다. 그런 내 모습이 나조차도 불편하고 싫은데 잘 바뀌지 않아서 어느 순간 체념하게 된다. 그런데 그 모습 중 하나라도 노력해서 바꾸게 된다면 나는 무엇이든 할 수 있다는 자신감이 생긴다.

나는 책을 읽으면서 서서히 바뀌어가는 내 자신을 발견할 때마다 나는 내가 원하는 인생을 살 수 있다는 자신감이 생겼다.

만약 '나는 게으른 사람이야.'라는 선입견을 깨버리고 싶다면 무조건 부지런히 움직여야 한다. 왜냐하면 '나는 게으른 사람이야.'라고 생각했던 순간이 어떤 순간이었는지를 떠올려보면 안다. 아마도 아무것도 안하고 가만히 있을 때 그런 생각이 들었을 것이다.

만약 부지런히 움직이고 있다면 절대 그런 생각이 들지 않는다. 왜냐하면 '움직이고 있는 행동'이 '게으르다'는 단어와는 거리가 멀기 때문이다. 그런데 우리는 왜 그토록 움직이기가 싫을까? 책에서는 나를 둘러싼 모든 것이 결국은 잠재의식 때문이라고 말한다. 대체 이 '잠재의식'이란 게 뭐길래 우리의 삶을 이토록 좌지우지하는 것일까?

우리는 '나'라는 사람을 의식하고 있을 때 '나'라는 한계에 갇히게 된다. 반대로 '나'라는 사람을 잊어버렸을 때 비로소 내가 설정한 한계에서 벗어나게 된다. '빙산의 일각'이란 단어는 많이 들어봤을 것이다. 여기서 '빙산의 일각'은 현재 의식이고 '빙산'이 바로 잠재의식이다. 우리가 자주 했던 생각과 말은 우리도 모르는 사이에 바로 이 '잠재의식'에 자동 저장되어서 우리가 무언가를 검색하려고 할 때마다 자동으로 떠오르면서 행동에 영향을 주는 것이다. 그래서 오랫동안 '나는 게으르다'고 생각하게 되면 그 생각은 잠재의식에 새겨져 우리의 정체성이 된다. 그리고 '행동하는 사람', '부지런한 사람'은 나의 정체성에 어긋나기 때문에 우리는 움직이지 않게 되는 것이다.

『아주 작은 습관의 힘』이라는 책에서는 이렇게 말한다. 삶을 이끄는 것은 나 자신이기 때문에 먼저 무엇이 되고 싶은지부터 스스로 정하라고 말이다. 이것이 나의 새로운 정체성을 수립하는 과정이다. 새로운 정체성을 수립하지 않고 무작정 '나는 게으르니까 이제부터 부지런해져야지.'라고 생각한다면 그 생각은 절대 현실이 될 수 없다. 내가 나 자신을 바라보는 편견이 바뀌지 않는다면 우리는 절대 우리가 원하는 사람이 될 수 없다.

이제부터 나는 '어떻게 바뀌어야지'가 아닌 '어떤 사람이 되고 싶은지'를 결정해야 된다. 그리고 그런 사람이 된 나의 모습을 매일 생생하게 상상할 수 있어야 한다. 이런 꾸준한 행동은 잠재의식에 각인이 되고, 잠재의식이 바뀌면 결국 현실도 바뀌게 된다.

우리가 무슨 생각을 하느냐가
우리가 어떤 사람이 되는지를
결정한다.

– 오프라 윈프리

05

독서가 나에게
용기와 위안을 주었다

한국에 온 지 얼마 안 되었을 때 나는 친척 중 한 명에게 그동안 힘들게 살아왔던 과정을 털어놓았다. 우리가 누군가에게 고민을 털어놓을 때 우리에게 가장 위안이 되는 건 바로 상대방의 공감이다.

"그동안 그렇게 힘들었구나. 정말 고생했다." 이 한마디면 충분하다.

그런데 그 친척은 내가 하는 얘기에 별 관심도 없어보였고 공감은커녕 배신감이 느껴지는 한마디를 툭 던졌다. 나는 지금까지 내가 정말 고통스럽게 살아왔다는 걸 얘기했는데 어찌 그런 말을 할 수 있단 말인가. 우리는 가끔 누군가에게 상처를 털어놓고는 더 큰 상처를 선물로 받는다.

그때 내가 느꼈던 건 아무도 믿을 사람이 없다는 것과 다른 사람들은 내 상처에 아무런 관심이 없다는 것 두 가지였다. 말을 꺼낸 내가 오히려 더 원망스러웠다. 친척마저 그럴 줄은 몰랐다. 정말 실망이었다.

내가 중국에서 친하게 지냈던 친구 2명이 있다. 우리 셋은 동갑이다. 사실 학교를 나오면 사회 친구는 다 거기서 거기다. 연락이 오래 가질 않았다. 물론 잘 연락하지 않는 나의 성격이 한몫했을 수도 있다. 그런데 그 친구 2명과는 인연을 이어온 지 10년이나 됐다. 우리는 교회에서 만났다. 그때 둘은 이미 친한 사이였고 나는 처음엔 그들과 별로 친하게 지내지 않다가 그들이 출근하는 회사에 입사하면서부터 가까워졌다. 보통 셋이 다니면 잘 지내기 어렵다. 그중 한 명은 소외감을 느낄 수 있기 때문이다. 왜냐면 셋 중에서도 더 잘 맞는 두 명이 있을 것이고 그러다 보면 나머지 한명은 상처받고 떨어져 나간다. 물론 세 명 모두 충분히 독립적이거나 귀신같이 잘 맞는다면 잘 지낼 수도 있다.

그 친구 2명과 같이 다니면서 느꼈던 점은 비록 내가 나중에 합류했지만 전혀 소외감을 느끼지 않았다는 거다. 오히려 나를 배려해서 둘만 얘기하기보다 나와 얘기하는 시간이 더 많았다. 자연스레 우리 셋은 친한 친구가 됐고 몇 년 뒤에 모두 한국에 오게 되었다. 한국에 온 지 얼마 안 됐을 무렵, 한 번은 그중 한 친구의 집에 놀러 갔는데 어쩌다보니 내가 고모를 엄마라고 부른다는 얘기가 나오게 되었다. 그때 친구의 언니가 이해가 안 된다는 듯이 나에게 "고모면 고모지, 고모가 어떻게 엄마가 될 수 있니?"라고 했던 말이 생생하게 기억난다. 나도 후회하고 있던 와중에 그 얘길 들으니 '이미 엎질러진 물인데 어떡해.'라는 생각만 들었다. 그런데 고모네 집에서 함께 생활하다 보니 친구 언니의 말이 정답이라는 걸 자꾸자꾸 깨닫게 되었다. 고모는 동생에게도 부족한 엄마였는데 하물며 친아들의 1/1,000정도의 사랑을 받았을까 말까한 나에게 어떻게 엄마가 될 수 있을까? 어렸을 때 충분한 사랑을 받지 못한 상태에서 엄마라고 부른다는 건 정말 말도 안 되는 얘기라는 걸 두고두고 느꼈다.

끝까지 든든한 딸이 돼주지 못 한건 미안하지만 어쨌든 엄마 딸로 지내는 건 시간이 지날수록 아니라는 생각이 들었다. 고모 조카 사이로 지내자고 말했을 때 고모는 나에게 "나와 고모부가 너 초청하려고 얼마나 뛰어다녔는데."라는 말을 했다. 그래도 말을 하는 게 옳은 것 같았다.

고모가 예전에 사기당한 돈이 있는데 10년이 넘도록 받지 못하고 있었다. 내가 하도 이해가 안돼서 왜 받지 않느냐고 물어봤더니 고모부가 고모에게 "그 사람을 신고하면 사회에서 매장시키는 거 아니냐."라고 했다는 것이다. 정말 답답했다. 사기꾼의 입장까지 신경써줄 필요가 뭐가 있단 말인가! 나는 고모에게 받아내자고 말했지만 고모는 우유부단해서 결국은 그냥 넘어갔다. 고모는 그 돈을 그냥 없던 셈 치겠다고 했지만 형편이 어려울 때마다 자꾸 생각이 난다고 했다.

그러다 시간이 흐른 어느 날, 고모는 나에게 다가오더니 좀 도와달라고 했다. 그 돈을 받아내기로 마음먹은 것이다. 내가 인터넷을 검색해보니 형편이 어려운 사람들에게 무료로 자문해주는 시스템이 있었다. 우리는 월세계약서 등을 들고 자문 받으러 갔다. 그런데 시간이 10년 이상이나 흘러 민사소송으로밖에 진행이 안 된다고 했다. 형사소송으로 진행하면 10여 년 전에 사기당한 금액이 340만 원이었으니까 이자까지 어마어마한 금액을 받을 수가 있었지만 민사소송이라 이자는 크게 기대할 수 없다고 했다. 그렇게 사건 접수를 마친 후 시간이 얼마나 흘렀을까 사기꾼한테서 문자가 왔다는 것이다. 이자까지 400만원 보내주겠다고. 고모는 기뻐서 다 내 덕분이라며 돈을 받으면 체리를 사주겠다고 했다.

사람이란 게 그런가보다. 내가 다른 사람에게 해줄 때는 조그마한 걸해주고도 엄청 잘해준 것 같은 느낌이 든다. 반대로 받는 사람에게는 그냥 그 가치일 뿐이다. 직장에서 월급 받을 때에도 똑같지 않나. 받는 입장에서 우리는 항상 월급이 쥐꼬리만 하게 느껴진다. 하지만 월급 주는 사장 입장에서는 큰돈으로 느껴질 것이다.

사람에게 위로를 기대하면 더 큰 실망만 얻을 수도 있다. 왜냐면 사람들은 생각보다 다른 사람의 상처에 큰 관심이 없기 때문이다. 다들 본인만의 문제가 있기에 그럴 마음의 여유도 없을뿐더러 우리와 비슷한 경험을 해보지 않은 이상 공감대가 형성되지 않는다.

나는 그동안 사람들에게 고민과 상처를 얘기하면서 한 번도 속 시원한 대답을 들은 적이 없다. 오히려 속이 더 답답해지는 경우가 허다했다. 그래서 어느 순간부터 다른 사람에게 고민을 털어놓지 않게 되었다. 꾸준한 독서를 시작한 후 나는 세상에서 가장 따뜻한 위로를 책에서 받을 수 있었다. 앞으로 잘 될 거라는 용기도 덤으로 얻었다.

독서가 주는 위안은 사람이 주는 위로와는 차원이 다르다. 사람이 주는 어설픈 위로는 오히려 독이 되기도 한다. 우리에게 가장 필요한 위로는 나처럼 혹은 나보다 더 열악한 환경 속에서도 시련과 절망을 딛고 희망의 꽃을 피워낸 사람들의 이야기이다. 그런 이야기를 읽을 때 우리는 위안과 용기를 한꺼번에 얻을 수 있다. 독서를 하다 보면 내게 다가와 위로를 건네는 문장들이 있다. 그 문장들은 우리의 아픔과 상처를 달래주기도 하고 때로는 당신도 할 수 있다는 용기를 북돋아주기도 한다. 이제부터 어설픈 위로 말고 공감 독서를 하자.

독서할 때 당신은 항상
가장 좋은 친구와 함께 있다.

- 시드니 스미스

06

과거와 결별하고 싶다면
독서를 하라

과거에 사는 사람에게는 '과거'라는 단어와 '상처'라는 단어는 같은 뜻이다. 상처가 없는데 과거에 사는 사람이 있을까? 과거에 발목이 잡히면 결국 과거 속에서 살게 된다. 내가 그랬다. 과거와 결별하지 않는다면 결코 행복도 없다는 것을 이제야 깨달았다.

내가 좋아하지 않는 것에는 관심도 주지 말아야 한다. 관심을 주면 줄수록 에너지가 그쪽으로 몰리면서 결국 내가 신경 쓰고 있는 것들이 나를 눌러버린다. 과거에 눌려버리자 나의 머릿속에는 항상 수만 가지 부정적인 생각들이 필름처럼 돌아가면서 근심 걱정이 끊이질 않았다.

의식 변화가 생기면 시련과 역경에 대한 관점이 바뀐다. 책에서는 이 생에서 겪는 모든 시련은 내가 전생에 계획한 것이고 내 안에 잠들어 있는 완벽한 자아를 깨우기 위한 것이라고 한다. 이게 무슨 소린가 싶기도 했지만 소름이 돋았던 것도 사실이다. 내가 직접 계획한 시련들이라 생각하면 결국 억울한 것도 없겠다. 그렇지 않은가. 물론 납득이 안 가겠지만. 아니, 그보다도 그동안 내가 당한 걸 생각하면 납득당하고 싶지 않을 수도 있다. 가난과 시련은 성공으로 가는 길에 놓인 허들이라고 한다. 그 허들을 애써 뛰어넘으면 그때마다 한 단계 더 업그레이드된 인생을 살 수 있는 것이고 그 허들 앞에서 인생을 한탄하며 멈춰버리면 그 사람의 인생도 거기서 멈춰버리는 것이다. 더 나은 삶을 기대할 수 없는 것이다. 이 엄청난 것들을 모르고 살았으니 내 삶에 큰 변화가 없었던 건 어쩌면 당연한 결과인지도 모르겠다.

나는 고통스러운 과거 속에서 오랜 시간동안 살아왔다. 내 운명을 원망하면서 말이다. 나는 어렸을 때부터 머리가 좋다는 얘기를 수없이 들어왔고 공부를 대충 해도 점수가 잘 나왔다. 그런데 다른 사람들은 나를 칭찬했어도 아버지는 나를 칭찬하지 않았다. 그때 나는 아버지는 내가 잘되길 바라는 사람도 아니고 내가 행복해지길 바라는 사람은 더더욱 아닐뿐더러 본인보다는 희망 있어 보이는 내 삶을 오히려 질투하는 것처럼 느껴졌다.

중학교 때 담임선생님이 항상 내게 했던 말이 있다. "너는 집에서 조금만 밀어주면 1등할 앤데 왜 집에서 전혀 신경을 안 쓰나?"였다. 나는 아무 말도 할 수가 없었다. 내가 뭐라고 얘기할 수 있으랴. 신경을 안 쓴다는 얘기가 뭐냐면 과외 하나 안 시키고 내가 매일이다시피 지각하는 것을 두고 하는 얘기다. 학교에 가려면 버스를 한번 갈아타야 하는데 버스가 운행하는 시간이 늦어서 간당간당하게 제시간에 도착하거나 아니면 지각하는 것이다. 그래서 이틀에 한번 꼴로 지각을 밥 먹듯이 했다. 그렇다고 택시타고 다닐 형편은 안 되고, 오르막이 심한 구간이라 자전거를 타고 다닐 수도 없었다.

한 번은 반에서 4등을 했다. 그래도 나는 무서웠다. '학부형회의를 다녀오면 나한테 또 뭐라고 하겠지? 1등을 못했다고.' '휴~.' 한숨이 나왔다. 그런데 학부형회의를 다녀온 아버지는 아무 말도 없었다. 왜 그러지? 의아해 하던 중에 아버지가 입을 떼셨다. 담임선생님이 아버지한테도 "은희는 1등을 할 애인데 왜 집에서 하나도 신경을 안 써줘요?"라고 했단다. 그 말을 전하면서 나한테 미안하다며 펑펑 우셨다.

그러나 그 모습은 오래 가지 못했다. 금방 원래의 모습으로 되돌아갔다. 당시에는 원망스러웠지만 나중에 책을 통해 사람은 의식 변화가 있기 전까지 절대 안 변한다는 걸 알게 되었다. 아버지의 변하지 않는 모습이 그때 이해가 되었다.

초등학교 때 노래를 배우거나 피아노를 배우는 친구들을 보면 나도 정말 배우고 싶었지만 방법이 없었다. 그때쯤 아버지와 새어머니는 함께 외지로 장사를 하러 다녔다. 듣기로는 피아노, 오토바이 등을 팔았다고 한다. 그 새어머니는 아버지와 달리 행동력이 뛰어나고 장사하러 자주 외지에 다니던 분이셨다. 그러던 어느 날, 아버지가 야마하 전자피아노 한 대를 들고 집으로 오더니 나에게 피아노를 배워보라고 하셨다.

나는 날듯이 기뻤다. 하지만 그 기쁨도 결국 오래 가지 못했다. 수업을 두세 번쯤 들었을 무렵, 갑자기 모르는 사람들이 집에 들이닥쳐 피아노를 들고 가 버렸다. 집안에 무슨 일이 생겼는지는 모르겠지만 참으로 허무했다. '왜 내 인생은 이토록 잘 안 풀릴까.' 어린 나이에도 나는 그런 생각을 했다.

내 뜻대로 되는 게 하나도 없었다. 짜증이 났다. 내 인생은 오로지 어둠이었다. 누구를 원망해도 소용이 없었고 이런 부모 밑에 태어난 내 자신이 증오스러울 뿐이었다. 빨리 커버리고 싶은 마음밖에 들지 않았다. 그러면 이 집에서 뛰쳐나갈 수 있으니. 하지만 스무 살이 되고 외지로 돈 벌러 가고 싶다는 말씀을 드렸을 때 아버지는 안 된다고 했다. 외지에 나가면 위험하다는 것이 이유였다.

그렇게 1년이 흐른 후 나는 한국으로 유학을 가고 싶었다. 대학교도 가고 싶고 한국에 가면 좀 더 빨리 잘될 것 같았다. 당연히 돈은 없었지만 나는 고모에게 전화해서 부탁을 했다. 돈은 나중에 벌어서 갚으면 되는 거니까. 고모는 생각을 좀 하더니 알겠다고, 알아보라고 했다. 그래서 나는 열심히 알아보고 나서 아버지에게 한국 유학을 가겠다고 말씀드렸다. 그랬더니 아버지의 결사적인 반대로 무산되고 말았다. 혼자 중국에 남게 될 자신의 모습이 너무 불안했나보다. 그러나 나는 딸의 미래는 안중에도 없이 자신만을 위하는 아버지가 미웠다.

그렇게 결국은 한국 유학도 가지 못했다. 그리고 23살 때 나는 다니고 있던 직장이 외지로 이전한다고 해서 같이 따라가려고 했다. 그때도 아버지는 결사코 반대를 했다. 외지에 나가면 잘못된다느니 어쩐다느니 하면서 말이다. 그래도 기어코 가겠다고 한다면 나를 죽여 버리겠다고 위협했다. 나는 집에서 자주 악마를 보았다. 나는 떠나기로 맘먹었다. 그리고 이튿날 새벽 캐리어를 끌고 줄행랑을 쳤다. 얼마 뒤 아버지는 전화 와서 잘 지내냐고 물으면서 미안한지 용돈을 보내주었다.

어린 시절, 학창시절의 내모습은 언제나 어두웠다. 아버지에 대한 원망도 컸다. 하지만 과거를 놓아주지 않으면 현재와 미래까지 저당잡히게 된다. 과연 그럴 만한 가치가 있는가? 다른 사람의 잘못으로 내 인생을 망칠 필요가 있는가? 불행한 과거를 털어버리지 못하면 결국 영원한 저주 속에서 살아가게 된다.

책에서는 무조건 용서하라고 한다. 성경에서는 부모를 공경하라고 한다. 의식에 관한 책에서는 부모도 내가 선택한 거라고 한다. 전생 계획에서 말이다. 정말 너무 어이없고 모순되고 고민되지만 독서를 통해 분명히 깨달은 사실이 하나 있다. 과거와 결별하지 않으면 결국 미래와 결별하게 될 것이라는 것이다.

용서는 과거를 변화시킬 수 없다.
그러나 미래를 넓혀 준다.

− 파울 뵈세

07

대인기피증도
말끔히 사라졌다

학교 때 나는 항상 친한 친구들 몇 명하고만 놀았다. 다른 친구들하고는 어쩌다 말을 섞는 정도지 그다지 친하게 지냈던 기억은 없다. 좁고 깊게 사귀는 인간관계를 선호했던 것이다. 친하지 않은 친구랑 같이 있으면 어쩐지 불편했다. 할 말도 딱히 없고, 말을 안 하면 어색하고, 딱히 친해지고 싶은 마음도 없고 그래서 멀리했다.

그럼 같이 다니는 친구들이랑은 어떻게 친해졌을까? 사람은 끼리끼리 모인다고 하지 않나. 개학할 때 반에 딱 들어가 보면 알 수 있다. 나와 같은 냄새가 나는 사람을 우리는 본능적으로 알아본다. 누구나 같은 반 친구들을 한 번씩 스캔할 것이다. 호감이 가는 사람을 찾는 것이다. 그러다 누군가 본인의 레이더망에 걸리면 그 친구한테 가서 말도 걸어보고 표정도 보면서 나와 맞을지 안 맞을지 소위 '간을 보는 것'이다. 이런 과정을 거쳐 우리는 다수 중에서 나와 맞는 소수를 찾게 된다. 대다수 친구들은 나중에 이 소수를 넓혀가는 게 특징이지만 숫기가 없거나 소극적인 친구들은 그냥 자기 틀에서만 노는 것을 좋아한다. 그게 편하니까. 내가 그런 류의 대표적인 사람이었다.

나쁘지 않았다. 오히려 나는 그게 좋았다. 두루두루 다 잘 지내는 건 쓸데없는 에너지 낭비라고 생각했다. 그리고 마음속에 상처가 너무 많아 누군가에게 들킬까봐 혹은 누군가가 내 상처를 건드릴까봐 일부러 멀리 했던 것이다. 많은 사람들이 모여 있는 장소에는 특히나 가기 싫었다. 모임 같은 데 말이다. 왜냐면 다들 모여서 서로 안부도 주고받고 근황도 얘기하는데 나는 끼기가 싫었다. 할 말도 없고, 억지로 하고 싶지도 않고. 그러다보니 좀 뻘쭘해졌다. 물론 친한 친구들이 있긴 했지만 그 친구들도 인사 나누느라 여기 저기 옮겨 다니기 바쁘니까. 그래서 나는 교회 모임 같은 것을 나가기 싫어했다. 그럼에도 불구하고 20대 중반에는 꽤나 열심히 다녔다.

아마 마음속으로부터 끓어올라오는 원망과 증오의 불길을 나 혼자 끄기에는 역부족이었나보다. 그래서 나는 힘든 마음에 교회를 찾게 되었다. 왜 나 혼자만 이렇게 불행한 건지 그 이유를 알고 싶었다. 그때 친절한 교회 오빠가 우리보다는 깊은 성경 지식으로 많은 이야기를 들려주었다. 우리가 이 세상에 온 건 다 저마다의 이유가 있다고 했다.

나는 그동안 예민한 성격 때문에 수시로 상처받으며 살아왔다. 남들이 무심코 내뱉은 한마디에 오래도록 괴로워했다. 기억력이 좋았던 건 오히려 내겐 단점으로 작용했다. 상처받은 한마디가 오랫동안 기억에 남아서 나를 괴롭혔기 때문이다. 친구들은 내가 보기에도 심각할 정도로 기억력이 안 좋았으나 그들은 하나같이 기분 나쁜 일들을 금방금방 까먹는 장점을 발휘했다. 그때쯤 책 한권을 봤는데 어떤 사람이 기억력이 너무 좋은 나머지 자신이 보고들은 모든 순간들을 모조리 기억하는 것이었다. 그로 인해 그는 심각한 스트레스를 받고 있었다. 너무 고통스러워서 죽고 싶을 정도였다고 한다. 가끔 축복은 저주가 되기도 한다.

사실 나는 상처받는 게 너무 괴로워서 사람들을 멀리했다. 상대방이 하는 어떤 말이 나에게 상처가 될지 몰라 조마조마했기 때문이다. 가슴 속엔 해결되지 않은 상처가 너무 많아서 더 이상의 상처는 용납할 수 없었다. 그래서 의도적으로 사람들과 일정한 거리를 유지했다. 가깝게 지내다 보면 사람들은 어느새 선을 넘어버리니까 말이다. 그 외에도 이유는 또 있었다. 사람들은 모이면 가족 얘기도 하고 자신의 이야기도 하는

데 나는 하고 싶은 얘기도 할 얘기도 없었다는 것이다. 나에겐 가족도 상처이고, 모든 추억들이 상처이고, 현재 내 상황 역시 마음에 들지 않았기 때문에 나는 딱히 내 얘기를 누구한테 꺼낸다는 것 자체가 싫었다.

그런 내가 독서를 하면서 사실 누구나 다 가슴에 상처 한두 개쯤은 안고 살아간다는 것을 알게 되었다. 이 세상에서 나만 불행하다고 생각했는데 성공한 사람들은 모두 그런 시련과 역경을 이겨낸 사람들이었다. 사실 그동안 나와 친하게 지냈던 친구들에게는 조금씩 내 상처를 털어놓은 적이 있었다. 친구들도 자신의 상처를 털어놓긴 했지만 어쩐지 내게 비하면 약과로 느껴져 마음의 위로가 되지 않았다. 사람들이 비극을 좋아하는 이유도 그 속에서 마음의 위로를 받기 때문이다.

우리 모두에겐 삶이 가져다주는 지루한 일상을 반복해내는 용기가 필요하다. 매일 아침 저녁으로 씻어야 하고, 때마다 밥을 챙겨먹어야 하고, 중간 중간 입이 심심할 때마다 간식도 먹어야 하고, 하루에도 몇 번씩 화장실을 들락날락 거려야 하고, 먹고살기 위해 하기 싫은 일도 억지로 해야 하고, 밤에는 잠도 자야 한다.

또 여자들 같은 경우에는 매일아침 정성스레 화장을 해야 하고 저녁엔 꼼꼼하게 화장을 지워야 한다. 어디 그뿐이랴. 피부 관리를 위해 팩도 해야 하고 끝이 없다. 참 인간은 세상에서 제일 귀찮은 동물이라는 생각이 들었다. 사는 게 너무 지루하고 귀찮고 재미없게 느껴졌다. 그래서 어느 순간부터 나와 똑같은 삶을 살고 있는 사람들을 보면서 연민의 정이 느껴졌다. 좀 더 따뜻한 시선으로 사람들을 바라볼 수 있는 계기가 되었다.

20살 이전의 나는 가정의 어둠 속에서 허우적거리며 살았고 20살 이후의 나는 과거의 그림자 속에서 허우적거리며 살았다. 모든 순간이 내겐 아픔이고 고통이었다. 그런 일상을 살아가는 게 나에겐 너무나 벅찬 일이었다. 사람은 무언가에 집착하면 아무것도 보이지도 들리지도 않는다. 나는 그동안 나의 상처와 아픔에 너무 집착한 나머지 아무것도 할 수가 없었다. 그것들을 생각할 때마다 내 가슴이 무너져 내리는데 무엇을 하고 싶었겠는가. 내가 할 수 있었던 건 오직 원망과 증오뿐이었다. 하지만 독서를 통해 나는 그런 나의 행동들이 나를 더욱더 나락으로 내몰았다는 사실을 깨닫게 되었다.

꾸준한 독서를 시작하고 작년 여름쯤 되자 나는 놀라울 정도로 성격이 밝아지고 활발해졌다. 이제는 내가 먼저 사람들에게 다가가게 되었다. 예전에는 다른 사람들의 밝은 모습을 보면 나보다 행복해보여서 가까이 다가가기가 싫었다. 다가가면 나의 불행이 더 커 보일까봐. 하지만 독서로 나도 밝은 모습이 되자 그제야 깨닫게 되었다. 그들은 행복해서 밝은 모습을 하고 있었던 게 아니라 밝은 모습으로 상처를 감추었던 것이었다. 바로 지금의 나처럼.

대인기피증의 원인으로 여러 가지가 있는데 그 중 내가 속하는 것은 사회적 요인이었다. 살아오면서 겪은 부정적 환경, 누적된 스트레스가 그 원인이었다. 모든 원인은 뿌리에 있다는 얘기를 많이 들어봤을 것이다. 사람의 뿌리는 결국 성장 환경이다. 그런데 나의 성장 환경에서는 가족으로부터 받은 아픔이 가장 컸다. 그러나 이제 대인기피증도 나를 점점 멀리 떠나가는 걸 보니 나도 이제 슬슬 상처 속에서 걸어 나오고 있는 듯하다.

내 인생을 바꾼 한 줄 명언

가장 발전한 문명사회에서도
책은 최고의 기쁨을 준다.
독서의 기쁨을 아는 자는
재난에 맞설 방편을 얻은 것이다.

– 랄프 왈도 에머슨

08

새로운 것에 도전하는
용기가 생겼다

나는 조심성이 많고 두려움이 많은 신중형 성격을 가진 사람이다. 그런 내가 가끔은 정말 싫었다. 생각과 동시에 바로 실행에 옮기는 사람들이 얼마나 부러웠는지 모른다. 뭐든 한 번 시작하면 완벽주의 성향 때문에 곧잘 했지만 그놈의 마음먹기가 그렇게 힘들었다. 일단 시작하면 완벽하게 끝내야 한다는 강박감에 시작이 더 어려웠는지도 모른다.

천리 길도 한 걸음부터라고 무조건 시작하는 게 중요한데 나는 그걸 잘 못했다. 정말 나에게 필요한 일이면 울며 겨자 먹기로라도 했지만 그 외의 일들은 그렇지 않았다. 당장 하지 않아도 아무런 문제가 되지 않았으니까.

우리는 살아가면서 알게 모르게 주변사람들의 영향을 많이 받는다. 주식도 그렇다. 주식으로 망했다는 얘기도 많이 들었고 주변에 주식하는 사람도 거의 없었을뿐더러 돈을 벌었다는 사람도 없었다. 그리고 아무리 주식을 오래 한 사람도 결국은 본전치기라는 말도 전해 들었고 주식으로 집까지 말아먹었다는 얘기도 전해 들었다. 그러니 주식은 '하면 안 되는 것'에 가까웠다. 그런 내가 꾸준한 독서를 통해 부자들은 하나같이 주식을 하고 있고 자산을 가장 빨리 불리는 방법 역시 주식이라는 것을 깨달았다. 그동안 주식을 시작도 안 한 내 자신이 바보처럼 느껴질 정도였다.

『존리의 부자되기 습관』이란 책에서 존리는 한국인이 부자가 되지 못하는 3가지 이유가 사교육비, 자가용, 부자처럼 보이려는 라이프 스타일이라고 말한다. 사교육에 지출하는 돈으로 차라리 아이 앞으로 주식이나 펀드를 사주라고 한다. 그것이 자녀가 더욱 빨리 부자가 되게 하는 확실한 방법이기 때문이다.

또한 반드시 필요한 상황이 아니라면 자가용 구입보다는 가치가 오를 주식에 투자하는 게 훨씬 현명한 생각이라고 말한다. 존리는 책에서 자동차는 한국인의 노후 준비를 막는 중요한 장애물이라고 말하면서 사는 순간부터 중고차가 되어 계속 감가상각만 될 뿐이라고 말한다. 자동차를 유지하는 데도 할부금, 유류비, 보험료, 세금, 수리비 등이 지속적으로 빠져나가는데, 이를 합하면 꽤 큰 금액이 된다고 한다. 고가의 차일수록 유지비는 더 커지고 구입과 동시에 부를 급격히 감소시키고 손실을 보게 만드는 것이 차라고 경고한다.

그는 또 한국에 와서 형편이 넉넉하지 않은 사람들도 비싼 승용차를 타고 다니고, 주저 없이 해외여행을 떠나고, 값비싼 커피를 마시고, 비싼 옷이나 화장품을 구입하는 것을 보고 정말 신기했다고 말한다. 그가 강조하는 것은 부자처럼 보이려 하지 말고 진짜 부자가 되어야 한다는 것이다.

부자가 되려면 내가 돈을 위해 일하는 것이 아니라 돈이 나를 위해 일하게 해야 한다. 가장 대표적인 방법이 바로 주식을 사는 것이다. 주식을 사는 것은 해당 기업의 지분을 보유하고 경영에 참여하는 것과 마찬가지다. 즉 그 회사가 나를 위해 일하게끔 할 수 있는 것이다. 얼마나 멋진 일인가!

올해 4월, 나는 친구들과 함께 본격적으로 주식을 시작했다. 올해의 신조어 '동학개미'인 셈이다. 주식을 시작하고 나서 달라진 점은 부지런해졌다는 것이다. 보통 늦게 출근하는 날은 늦잠을 자는 게 보통인데 주식을 시작하고 나서는 아침잠을 잃어버렸다. 종목 분석을 하느라 잠을 못 잘 때도 있고, 장이 어떨지 설렘 반, 걱정 반으로 잠이 안 올 때도 있고 하여튼 아침에 한 번 눈을 뜨면 바로 일어나게 되었다.

두 번째로 달라진 점은 친구들과의 대화 내용이다. 전에는 잡다한 수다로 시간을 보냈지만 이제는 만나기만 하면 주식 이야기를 제일 많이 한다. 함께 주식을 시작하니 같이 배워가는 재미도 있고 서로 정보도 공유하고 무엇보다 주식을 통해 자신의 문제점을 발견하게 된다는 게 제일 놀라운 것 같다. 주가는 그날그날의 등락이 있기 마련인데 가격이 오를 때는 기분도 덩달아 좋아지고 가격이 떨어질 때는 걱정이 되면서 왜 떨어졌는지를 분석하게 된다.

세 번째로 달라진 점은 돈을 더 절약하게 만든다는 것이다. 사고 싶은 주식 한 주라도 더 사서 돈이 나 대신 일을 하게끔 하고 싶은 것이다. 전에도 돈을 많이 쓰는 편은 아니었지만 확실히 주식을 시작하고 나서 나와 친구들 모두 강제 저축이 되는 효과를 톡톡히 보았다. 통장에 자동이체로 나갈 돈만 남겨두고 돈 버는 족족 주식 계좌로 입금시키고 있었던 것이다.

책도 요즘엔 주식에 관한 책을 제일 많이 본다. 안 보던 뉴스도 보고 가끔 기사도 찾아 읽는다. 일상의 모든 것이 주식 위주로 돌아간다. 어쩌다

쉬는 날에도 주식 창에서 눈을 뗄 수가 없다. 미래에 대한 걱정도 덜해졌다. 주식 투자로 노후 준비도 하고 자산도 불릴 생각이기 때문이다. 주식을 일찍 시작하지 않은 것이 한이다. 물론 주식하면서 스트레스도 많이 받지만 그냥 지금이 좋다.

만약 책을 읽지 않았다면 나는 아마 주식을 시작하지 않았을 것이다. 무엇이나 내가 직접 경험해보고 판단을 내려야 하는데 우리는 주변의 소음에 지레짐작 겁을 먹어버린다. 그런 삶은 결국 후회들로 얼룩진다. '이게 뭐라고 시작이 그리 어려웠나' 하는 생각마저 든다. 존리는 주식을 하는 것이 위험한 것이 아니라 주식을 하지 않는 것이 위험하다고 말한다. 국가의 경제 발전과 가장 밀접한 것이 주식인데 주식을 하지 않으면 우린 결국 그 수혜를 온전히 받을 수가 없다. 그래서 나라는 잘 사는데 내 형편은 왜 이 모양이냐는 말이 나온다.

단지 23개의 영상만으로 짧은 시간 안에 16만 구독자를 모은 유튜버 자청이 있다. 자청은 그가 만든 닉네임으로, '자수성가청년'의 줄임말이다. 그는 스스로 독서로 인해 변화되었다고 수없이 얘기한다. 특히 그가 영상에서 추천한 5권의 도서는 모두 서점의 베스트셀러에 진입하는 기염을 토해냈다. 그는 어떻게 자칭 오타쿠에서 30대에 10억 연봉을 버는 사람이 되었을까?

그는 스스로 오타쿠, 막장 인생에서 22살에 책을 읽기 시작하면서 10년 만에 인생을 크게 바꿨다고 한다. 그는 영상에서 이런 말을 한 적이 있다. "인간의 뇌는 한정적인 사고를 해요. 요리로 치면 재료가 없어요. 책을 많이 읽어 재료가 많아지면 선보일 수 있는 요리도 많아지게 돼요." 정말 맞는 말이다. 책을 읽으면 사람은 업그레이드가 된다. 스마트폰이나 노트북도 주기적으로 업그레이드되지 않는가. 사람도 마찬가지로 주기적인 업그레이드로 더 나은 자신이 되어가는 과정이 필요하다고 생각한다. 자청은 인생은 의사결정의 총합이라고 말한다. 의사결정과 판단을 잘하는 것만으로도 삶은 크게 달라진다. 여기서 책은 올바른 판단과 의사결정을 하는 데 큰 기여를 한다. 우리 주변에는 우유부단하고 의사결정을 잘 못하는 사람들이 수두룩하다. 하지만 그런 사람들도 꾸준한 독서를 통해 결단력 있는 사람으로 거듭날 수 있다. 독서는 사람을 바꿀 수 있는 거의 유일한 통로인 것 같다.

사실 도전만큼 설레는 단어도 없지 않은가. 돌이켜보면 나도 어릴 때는 도전을 꽤나 좋아했었다. 하지만 나이를 먹을수록 그런 용기가 점점 사라져갔다. 그 용기를 다시 찾아준 것 역시 독서였다. 프랑스 소설가 쥘 르나르는 이런 명언을 남겼다. '게으른 행동에 대해 하늘이 주는 벌은 두 가지다. 하나는 자신의 실패이고 또 다른 하나는 내가 하지 않은 일을 해낸 옆 사람의 성공이다.'

내 인생을 바꾼 한 줄 명언

살면서 미쳤다는 말을 들어보지 못했다면

너는 단 한 번도 목숨 걸고 도전한 적이 없었던 것이다.

– 윌리엄 볼튼

Chapter 4

독서를 가장 강력한 무기로 활용하는 7가지 기술

독서에
메모를 더하라

우리는 책을 읽을 때 대부분 메모를 안 한다. 나도 예전에는 메모를 잘 하지 않았다. 책을 깨끗하게 읽는 게 책에 대한 예의라고 생각했다. 하지만 꾸준한 독서를 시작하면서부터 메모의 중요성을 깨달았다. 맨 처음에 50권을 읽으려고 결심했을 때 나는 기존에 읽었던 책부터 다시 보기로 마음먹었다. 안 본 지 오래되어 기억도 더듬어 볼 겸 책을 펼쳤는데 후회 막급이었다. 왜냐하면 책의 내용이 너무 좋았기 때문이다. 그 책을 덮은 지 2년이 넘어가는데 나는 그동안 왜 책에서 말한 대로 살지 않았을까? 아마 책장을 금방 덮었을 때는 그 감동이 뇌리에 남아 있었을 거다. 그런데 우리는 망각의 동물이라 삶에 부대끼다 보니 읽었던 내용은 금세 머릿속에서 수증기처럼 사라졌던 것이다.

아픈 마음을 달래면서 나는 독서를 꾸준히 하게 되었다. 책을 읽다 보면 정말 주옥 같은 문장들을 만나게 된다. 그런데 그런 문장들은 책을 덮는 동시에 다시 떠올리기 힘들어진다. 그래서 나는 이번엔 독서하면서 내가 느꼈던 감동과 깨달음을 잊지 않기 위해 메모를 하기 시작했다. 문장에 밑줄을 긋기도 하고 문장 옆에 내 생각을 적기도 하고 정말 좋은 문장은 수첩에 옮겨 적기 시작했다. 시간이 흐르자 그 수첩을 읽어보는 것만으로도 그때 느꼈던 감동이 고스란히 전해지면서 좋은 경험이 되었다. 나는 옮겨 적기를 참 잘했다고 생각했다. 적어도 다시 읽을 때마다 이렇게 살아야지 하면서 새롭게 다짐을 할 수 있었다.

물론 정말 좋았던 책은 몇 번 더 읽어보는 게 제일 좋다. 그 안에 있는 것들을 다 내 것으로 만들 수 있을 때까지. 어차피 똑같은 책인데도 희한하게 이미 읽었던 책에는 손이 잘 안 간다. 나 같은 경우는 내용이 아무리 좋아도 두 번 이상은 잘 읽게 되지 않았다. 그런데 같은 책을 수십 번씩 읽어 완전히 자기 것으로 만든 사람이 있다. 바로 〈한책협〉의 대표 김태광이다. 그는 좋은 책은 책장이 너덜너덜할 때까지 반복해서 읽는다고 한다. 그렇게 수십 번 씩 읽어 결국 그 책을 자기 것으로 만들었다. 그는 『백만장자 메신저』라는 책도 그렇게 읽었고 그 책에서 알려 준대로 완벽

복제한 것이 바로 〈한책협〉이라고 한다. 대다수 사람들은 책 한 권을 읽은 것만으로 만족하지만 어떤 사람들은 책 한 권으로 인생을 바꾼다.

그는 좋은 책은 여러 권 사놓는다고 한다. 한 번 씩 읽을 때마다 밑줄을 치고 그 위에 자신의 생각과 느낌, 떠오르는 아이디어들을 메모해놓기 때문에 몇 번만 읽으면 더 이상 메모할 공간이 없다고 한다. 왜냐하면 책은 반복해서 읽을 때마다 다른 것이 보이기 때문이다. 예를 들면 처음에 읽었을 때는 50%정도 보이고, 두 번째 읽을 때에는 60%정도 보이고 횟수를 거듭해서 볼수록 더 많은 것, 더 다양한 것들이 보이기 때문이다. 그렇게 책 한 권이 더 이상 메모할 공간이 없어지면 그는 새 책으로 바꿔서 다시 메모를 이어간다고 한다. 일반 사람들은 상상조차 할 수 없는 일들이다.

김태광 대표가 하는 수업은 조금 특이하다. 그는 수업 시간에 책 쓰기에 관해서 간단명료하게 알려주고 난 후 그가 제일 중요하게 생각하는 의식에 관해 이야기한다. 그는 우리에게 가난한 사람들은 다 이유가 있으며 그들은 옹졸하고 편협한 사고 때문에 기회를 알아보지 못한다고 말한다. 그는 늘 "성공해서 책을 쓰는 것이 아니라 책을 써야 성공한다."라고 말한다. 또 책을 써서 퍼스널브랜딩을 하고 1인 지식창업을 하여 코칭, 강연 등 다양한 파이프라인을 만들어 천국처럼 살다가 천국으로 가

자고 말한다. 그가 하는 의식 수업이 궁금하다면 유튜브 〈김도사TV〉를 참고하면 된다. 유튜브 영상에 그가 평소에 하는 말들이 전부 나와 있다.

김태광 대표의 수업이 이토록 특이한 것은 그가 '의식'에 관한 책을 많이 읽었기 때문이다. 그는 의식 세계를 확장시키고 의식이 커지는 독서를 해야 인생이 바뀐다고 말한다. 왜냐하면 그도 처음에는 부정적인 사람이었기 때문이다. 가난과 시련 앞에서 세상을 원망하고 부정적인 생각과 말을 하던 사람이었다. 그래서 그도 예전에는 나처럼 자신을 바꾸고 싶었을 것이다. 다만 다른 점이 있다면 그는 꿈을 좇느라 온갖 고생을 다 한 사람이다. 매일 김밥과 라면으로 끼니를 때우고 발을 다쳐 3일 굶은 적도 있으며 4년 동안 원고를 썼는데 출판사로부터 500번이나 퇴짜를 맞기도 했다.

그가 의식에 관한 책들을 권당 50번씩 읽고 나자 그가 운영하는 〈한책협〉은 규모가 엄청나게 커졌고 과정이 늘어났을 뿐만 아니라 여러 가지 사업으로 확장되었다고 한다. 그는 늘 '의식이 전부다. 의식의 크기만큼 성장한다.'라고 말한다.

속독을 해서 책을 많이 읽는다거나 읽은 책 수량에 연연해할 필요는 없다. 단 1권을 읽더라도 인생 독서를 해야 한다. 우리는 김태광 대표처럼 책을 자기 것으로 만들어 인생을 바꿔야 한다. 독서에 메모를 더하는 일은 인생에 의미를 더하는 일이다.

책을 처음 읽었을 때에는 '작가가 하라는 것을 나는 절대 못해!'라고 생각했다 치자. 그러나 두 번째 읽을 때는 또 다르다. '나도 할 수 있을까?'라고 바뀌게 된다. 그리고 세 번째 읽으면 '어쩌면 나도 할 수 있을 것 같다.'라고 바뀌게 될 것이다. 4번째 읽으면 '나는 무조건 할 수 있다!'라고 바뀔 수도 있다. 사람도 한 번 볼 때 다르고, 두 번 볼 때 다른 것과 마찬가지다. 오래 봐야 예쁘다고 하지 않는가. 독서도 마찬가지다.

또한 메모는 우리의 생각을 정리하는 과정이다. 파편처럼 머릿속에 흩어져 있는 지식들을 하나로 엮어주는 역할을 하기 때문이다. 정리되지 않은 생각이나 감정은 아무런 힘도 가지지 못한다. 그 과정에서 우리는 지식을 더 체계적으로, 핵심 메시지를 더 뚜렷하게 뇌에 저장할 수 있다. 크게 성공한 사람들은 거의가 메모광이라고 한다. 그들이 성공할 수 있었던 이유는 바로 그것 때문이다. 보통 사람들이 안 하는 걸 했기 때문이다. 찰나에 번개같이 스쳐 지나가는 아이디어나 깨달음마저 놓치지 않았기 때문이다. 이런 것들이 사실 우리가 평소에 하고 있는 '쓰레기' 같은 생각들보다 훨씬 중요한 것들이다. 이런 엑기스들은 다 놓쳐버리고 쓰레기들만 담고 있으니 인생에 천양지별(天壤之別)이 생길 수밖에 없다.

우리가 언제든지 메모할 준비가 되어 있어야 하는 이유는 한 번 스쳐지나간 영감은 다시 돌아오지 않기 때문이다. 그때를 놓치면 다시 떠올리기란 거의 불가능하다. 이미 지나간 버스는 다시 돌아오지 않는 것처럼 말이다. 메모해 놓은 것은 아무 때나 볼 수 있을 뿐만 아니라 적재적소에 유용하게 활용할 수 있어서 아주 좋다.

발명왕 에디슨에게는 3천 권도 넘는 메모 수첩이 있었다고 한다. 그는 우리가 접하는 모든 정보를 기록하라고 말한다. 메모는 우리의 기억을 되살리고 우리의 삶을 변화시킨다. 맹목적인 독서만 하는 것은 아주 위험한 일이다. 책에서는 성공한 사람들은 우리보다 머리가 좋아서가 아니라 메모를 했기 때문이라고 말한다. 독서에 메모를 더하는 것만으로도 우리 인생은 지금보다 훨씬 좋아질 수 있다.

독서는 완성된 사람을 만들고
담론은 재치 있는 사람을 만들고
필기는 정확한 사람을 만든다.

- 프랜시스 베이컨

02

눈에 보이는 곳마다
책을 비치하라

눈에서 멀어지면 마음에서도 멀어진다는 말은 불변의 진리이다. 독서를 하려고 마음먹었다면 나의 활동 반경을 체크해서 책들을 비치하여야 한다. 내가 머무는 모든 곳에서 책과 조우할 수 있어야 한다. 물론 어디에서나 다 보인다고 해서 무조건 읽는 것은 아니지만 안 보이면 절대 읽지 않는다.

한국인들은 책 한 권을 펼치면 무조건 끝장을 보는 성격이 있다고 한다. 그 책을 다 읽기 전까지는 절대 다른 책을 새로 읽지 않는 것이다. 하지만 외국인들은 화장실에도, 주방에도, 침실에도, 소파에도, 가방에도,

자동차에도 곳곳에 책을 비치하고 동시다발적으로 부담 없이 읽는다고 한다. 즉 외국인들은 책 여러 권을 본인의 활동 반경에 두고 각 장소에서 각기 다른 책을 읽는 것이다. 이 방법을 활용하면 훨씬 더 많은 독서 시간을 확보할 수 있다. 항상 눈에 띈다는 것은 아주 중요한 일이다. 예를 들면 화장실에 갈 때는 화장실에 비치된 책을 읽고 주방에 있을 때는 주방 탁자위에 놓인 책을 읽고 침실에 있을 때는 베개 옆에 놓인 책을 읽는 식이다. 가방 안에도 항상 책 한두 권이 따로 들어 있다고 한다. 책 한 권을 끝까지 읽기보다 이렇게 동시에 여러 권을 읽는 것이 훨씬 용이하고 효율적이다. 장소를 옮길 때마다 내내 책 한 권을 옮겨 들고 다닐 필요도 없다.

이렇게 내가 머무는 곳마다 책을 비치하면 자투리 시간을 활용할 수 있는 큰 장점이 있다. 큰일을 보러 화장실을 갈 때도 많은 사람들이 휴대폰을 들고 간다. 그 잠깐 사이에도 심심함을 느끼기 때문이다. 만약 화장실에 책이 비치되어 있다면 빈손으로 들어가면 된다. 일 보는 동안에 몇 페이지라도 읽는 것이다. 화장실에서 책을 보면 집중이 더 잘 된다. 작은 공간에서는 나 자신에게 더 잘 집중할 수 있기 때문이다.

가방 안에도 항상 책 한두 권을 넣고 다니며 버스를 기다리거나, 지하철을 기다리거나, 엘리베이터를 기다리거나, 약속 시간에 사람을 기다리는 잠깐 동안의 시간까지도 독서에 활용할 수 있다. 마음만 먹으면 스마트폰을 하는 모든 시간을 독서 시간으로 바꿀 수도 있다. 책을 읽다 보면 책에 푹 빠져서 버스가 늦게 와도 크게 짜증이 나지 않는다. 특히 교통수단을 이용하여 장거리를 왕복할 때는 책 한 권을 다 볼 수도 있다. 자가용이 있는 사람들은 동기 부여나 자기계발 CD를 들으면서 이동하면 된다. 책을 항상 가까이하는 것이 무엇보다 중요하다.

인간은 유혹에 매우 취약한 동물이다. 각종 유혹 앞에서 우리는 종종 자기 자신을 잃어버린다. 그렇다면 어떻게 유혹을 뿌리칠 것인가? 우리는 생각보다 자제력이 아주 약한 존재들이다. 그래서 유혹에 빠지지 않는 가장 간단한 방법은 바로 유혹을 멀리하는 것이다. 각종 유혹이 난무하는 환경에 노출되면 제 아무리 원칙과 자제력이 있는 인간이라도 십중팔구 유혹의 바다에 풍덩 빠져버리게 된다. 사실 우리가 인정하는 자제력이 출중한 사람들은 거의 애당초 유혹을 멀리하는 사람들이다. 그들은 누구보다 잘 알고 있다. 유혹 속에 들어가는 것은 자신이 그동안 공들여 쌓아온 것들을 한순간에 무너뜨리는 일이라는 것을.

집안에서 가장 유혹이 강한 물건은 무엇일까? 바로 TV이다. TV를 한번 보면 몇 시간이고 금방 간다. 아무 생각 없이 시간 때우기 딱 좋다. 그래서 TV를 '바보상자'라고도 부른다. 일방적으로 정보를 전달받다 보니 딱히 생각을 하지 않기 때문이다. 그런데 하루에 2시간만 보더라도 1달이면 60시간, 1년이면 720시간, 10년이면 7,200시간이다. 이 정도의 시간이면 한 분야의 전문가가 되기에도 충분한 시간이다. 만약 이 시간 동안 TV를 보지 않고 책을 읽는다면 1,800권(책 한권 읽는 시간을 4시간으로 계산했을 경우)정도의 책을 읽을 수 있다. 물론 사람에 따라 이보다 더 많이 읽을 수도, 더 적게 읽을 수도 있지만 부인할 수 없을 정도의 어마어마한 독서량임에는 틀림없다. 충분히 인생이 바뀔 만한 독서량이다. 만약 이 시간 동안 영어 공부를 했다면 실력이 눈부실 정도로 달라졌을 것이다.

하지만 우리가 그동안 TV에 투자한 결과는 어떠한가? 내가 지금까지 살면서 TV를 본 시간을 계산해보니 3만 시간 가까이 나온다. 이 시간 동안 누구는 독서를 했을 것이고 누구는 자기계발을 했을 것이며 누구는 기술을 배웠을 것이고 누구는 영어를 마스터했을 것이다. 인생이 몇 번 바뀔 수 있는 시간이다. 사실 지금 계산해보고 깜짝 놀랐다. 숫자로 마주했을 때의 그 충격이란….

만약 방에 TV가 없다면 TV를 보는 시간이 확 줄 것이다. 그래서 요즘 집에 TV를 두지 않는 사람들이 늘어나는 추세다. 물론 스마트폰을 보는 시간이 늘어나서이기도 하지만 독서에 집중하기 위해, 혹은 기타 자기계발에 집중하기 위해, 미니멀리스트가 되기 위해 등 여러 가지 이유가 있다. 여태까지 TV에 투자한 내 시간을 생각하면 눈물이 다 난다. 하지만 이미 지나간 시간은 돌이킬 수 없는 법, 이미 지나간 인생을 초고삼아 더 멋지게 인생 원고를 써내려갈 수밖에 없다. 책이든, 영화든, 드라마든, 인생이든 결말이 제일 중요하다. 그러니 당신의 인생에 최우선순위가 무엇인지 잘 생각해보고 지금부터라도 그것을 가까이하라. 여태까지 살아온 당신의 인생은 모두 초고에 불과하니까.

눈에 보이는 곳마다 책을 비치하는 건 지금 내 인생의 우선순위가 독서라는 의미이다. 당신이 현재 무엇에 의미를 두면 하루 중 그것에 사용하는 시간이 가장 많을 것이다. 그런데 그것이 생산적인 일인지, 내 인생에 도움이 되는 것인지 잘 생각해볼 필요가 있다. 생각을 하지 않고 살아가다 보면 어느 순간 정신을 차렸을 때 내가 왜 여기에 와 있는지도 모를 때가 있다. 의도성을 갖고 있다는 것은 대단한 일이다. 의도적으로 뭔가를 내 삶에 끌어들이는 일은 변화를 꾀하는 일이다. 당신이 하고 싶은 것, 되고 싶은 것, 갖고 싶은 것을 당신의 삶에 끌어들여라.

우리가 의미 없는 일들로 우리의 삶을 꽉 채우는 것은 어쩌면 삶의 목표가 없어서이다. 혹자는 이렇게 말한다. "현재 하고 싶은 일이 없어. 뭘 했으면 좋을지도 모르겠고. 꿈이 뭔지도 모르겠어. 그래서 아무것도 할수가 없어." 그래서 우리 사회에 니트족이 점점 늘어나고 있는 건지도 모르겠다. 하지만 아무것도 하지 않고 가만히 있는다고 해서 하고 싶은 일이 갑자기 생기는 것도, 뭘 했으면 좋을지 갑자기 떠오르는 것도, 꿈이 뭔지 갑자기 알게 되는 것도 아니다.

나도 예전에는 그랬다. 내 꿈이랑 전혀 상관없는 일을 먹고살기 위해 해야만 하는 것이 괴로웠다. 하지만 나에게는 비빌 언덕이 없었다. 내가 돈을 벌지 않으면 죽도 밥도 되지 않는 상황이었기에 어쩔 수 없이 계속 일을 하게 되었다. 하지만 지금 돌이켜 생각해보면 축복이었을 수도 있다. 20대 때 잃어버린 꿈을 지금 찾았으니까. 아무 생각 없이 놀고만 있었더라면 꿈을 찾을 수 있었을까? 아마 꿈이랑 점점 멀어져갔을 것이다. 사실 꿈은 오래전부터 이미 내 마음속에 존재했는데 다만 그것을 이룰 의지와 노력이 없었고 두려움 때문에 마주하기가 싫었을 뿐이다. 하지만 삶 속에서 깨달았다. 직장에서 노예로 사느니 차라리 내 꿈을 위한 노예가 되는 게 훨씬 낫겠다고. 지금 이 글을 읽고 있는 당신도 곰곰이 생각해보라. 어쩌면 당신 마음속에 이미 마주하고 싶지 않은 답이 오래도록 둥지를 틀고 있었을 수도 있다.

그래도 꿈이 뭔지를 모르겠다는 사람은 딱 1년만 속는 셈 치고 책을 가까이해보길 바란다. 독서는 당신을 배신하지 않는다. 당신이 머무는 모든 곳에 책을 비치하라. 항상 어디서나 책을 볼 수 있는 상황을 만들어

라. 당신의 꿈을 찾기 위한 노력을 독서를 통해 하라. 지금 더 나은 선택이 없다면 독서를 하라. 당신이 원하는 답을 다른 곳에서 찾으려고 하지 말고 책 속에서 찾아라. 1년 뒤, 빛이 나는 당신을 만나길 바란다.

좋은 습관들은 일단 확립되면
나쁜 습관들과 같이 아주 끊기 어렵다.

– 로버트 풀러

03

매일 한 페이지라도
읽어라

"시작이 반"이라는 유명한 속담이 있다. 누구나 알고는 있지만 누구나 행동을 하는 건 아니다. 가끔 보면 속담은 정말 옛사람들의 지혜 덩어리인 것 같다. 하나같이 맞고 또 맞는 말들이기 때문이다. 소설가 괴테는 "꿈을 품고 무언가 할 수 있다면 그것을 시작하라. 새로운 일을 시작하는 용기 속에 당신의 천재성과 능력과 기적이 모두 숨어 있다."고 말했다.

일단 시작이라도 해봐야 나의 천재성과 능력을 발휘할 수 있다는 뜻이다. 특히 꿈을 품고 무언가 열심히 하는 과정에서는 여러 가지 기적이 일어나기도 한다. 하늘은 스스로 돕는 자를 돕기 때문이다.

"매일 한 페이지라도 읽어라"는 말은 일단 시작이라도 하라는 말이다. 우리는 때로는 너무나 완벽한 계획을 세워놓은 나머지 더욱더 행동을 못하는 경향이 있다. 많은 사람들이 해마다 새해 목표를 세우지만 그것을 실천 못 하는 이유가 바로 그것이다.

독서를 예로 들어보자. '매일 1시간씩 독서하기'라는 계획을 세웠다고 하자. 1시간은 많다면 많고 적다면 적은 시간이다. 독서를 하다 보면 1시간은 금방 지나간다. 하지만 시작하기 전에는 그 1시간이 부담스러울 수밖에 없다. 현대 사회에는 각종 유혹이 넘쳐나기 때문이다. 친구랑 만나서 수다를 떨 수도 있고, 쇼핑을 할 수도 있고, 술 한잔할 수도 있고, TV를 볼 수도 있고, SNS를 할 수도 있고, 유튜브를 볼 수도 있고, 가만히 앉아 멍 때릴 수도 있고 할 거리가 넘쳐난다. 하지만 그 어떤 것도 독서가 주는 만족감과는 비교할 수가 없다.

우리가 행동을 못 하는 이유는 애초에 그 계획이 부담스러웠기 때문이다. 하루에 책을 한 페이지도 읽지 않던 사람이 갑자기 목표를 '하루 1시간 독서'라고 잡는다면 우리의 자아는 굉장히 부담스러워한다. 일단 책을 펼치면 무조건 1시간을 읽어야 한다는 생각에서 오는 스트레스다. 만약 다행히도 책을 펼치긴 했지만 1시간도 못 읽고 책을 덮게 된다면 우리는 실패했다고 생각한다. 계획을 달성하지 못했기 때문이다. 그래서 우리는 좌절하게 되고 그 좌절감으로 인해 더더욱 책을 읽기 싫어진다. 그럼 우리는 어떻게 해야 하는가? 책에서는 자신이 아무런 부담도 느끼지 못할 정도의 계획부터 세우라고 말한다. 실행 가능성이 굉장히 높은 계획 말이다. 예를 들면 '하루 1페이지 읽기'와 같은 것이다. 하루 1페이지를 읽는 것은 우리에게 아무런 부담도 주지 않는 일이다. 1페이지를 읽는 데는 책에 따라, 사람에 따라 다르겠지만 대부분 1분 정도의 시간밖에 걸리지 않는다. 아무리 책을 늦게 읽는 사람이라도 5분이 채 걸리지 않는다. 이런 계획들은 우리에게 성취감을 주며 그 성취감들이 모여 진짜 성공을 도와준다.

행동을 못 하는 이유가 하나 더 있다. 바로 생각이 많기 때문이다. 나도 그랬다. 항상 너무 멀리 내다봤다. 지금 당장 오늘만 생각하면 되는데 지독히도 멀리 내다봤다. 그러니 시작할 용기가 나지 않았다. 왜냐하면 시작을 하면 끝을 봐야 하기 때문이다. 그 기간 동안 몸과 마음이 고생하는 게 두려웠기 때문이다. 막상 행동하는 사람은 고민하지 않는다. 행동하느라 고민할 시간조차 없기 때문이다. 이미 시작을 했고 목표를 향해 정확히 가고 있는데 고민할 게 뭐가 있단 말인가. 하지만 행동을 하지 않으면 오만 가지 생각이 들고 결국 우리는 고민만 하다가 만다.

책에서는 우리의 생각, 즉 고민들은 '쓰레기'라고 한다. 자세히 따져보면 모두 행동을 하지 않기 위한 핑계라는 것을 알 수 있다. 그리고 우리는 더 좋은 핑계를 댄다. '나는 귀차니즘이 있어.', '나는 게을러.', '나는 너무 바빠.' 어떤 핑계든지 댈 수 있지만 당신은 이게 핑계라는 것조차 눈치채지 못한다. 당신이 주도적으로 생각하지 못하고 잠재의식에 각인된 생각에 교묘하게 끌려 다니기 때문이다.

난 어릴 때부터 세상은 참 불공평하다고 생각해왔다. 그런데 몇 년 전 어느 날 문득 이런 생각이 들었다. '그래도 딱 하나 공평한 건 있네. 누구에게나 똑같이 하루 24시간이 주어진다는 것.' 하지만 똑같은 24시간을 우리는 똑같이 활용하지 못한다. 누구는 이 24시간 동안 수십 가지 일을 하지만 누구는 1가지를 하기도 벅차다. 중국에는 '人各有志(인각유지)'라는 4자 성어가 있다. 이 사자성어는 '개인마다 지향하는 것이 다르다, 사람마다 자신의 생각이 있다, 사람은 각자 따로 뜻하는 바가 있다'라는 뜻을 가진다. 즉 사람마다 뜻이 다르기 때문에 어쩔 수 없다는 말이다. 알아서 스스로 하지 않는 한, 하루에 1가지 일을 처리하는 사람에게 수십 가지 일을 처리하도록 강요할 수는 없다는 말이다. 사람은 오직 스스로의 의지에 의해서 움직인다. 스스로 간절히 변화를 원하기 전까지는 아무도 변화를 강요할 수도 없고 강요한다고 해서 되는 것도 아니다.

사람들은 '바빠서', '시간 없어서'라는 핑계를 제일 많이 댄다. 그럴듯한 핑계이기 때문이다. 어차피 상대방은 당신이 얼마나 바쁜지 확인할 길이 없다. 그러니 제일 손쉽고 말이 되는 핑계이다. 상대방도 이런 이유라면 어쩔 수 없다는 반응이다.

하지만 똑같은 조건에서 A는 시간이 없어서 못 하고, B는 시간을 쪼개서 한다. 이 둘 사이에는 어떤 차이가 있을까? A는 오랜 시간 동안 핑계로 살아왔을 것이고 B는 자신의 노력으로 결실을 맺었던 경험이 많았을 것이다. 그래서 A는 이번에도 시간이 없다는 핑계로 못 해냈을 것이고 늘 행동부터 하는 B는 시간은 마치 해면 속의 물과 같아 짜내면 얼마든지 있다는 사실을 알았을 것이다. A의 잠재의식이 '이건 무리야!'라고 외칠 때 B의 잠재의식은 '난 할 수 있어!'라고 외쳤을 것이다.

왜냐하면 잠재의식은 그동안 우리의 행동 패턴을 다 기억하고 있기 때문이다. A의 잠재의식은 A에게 '너 여태까지 못 했는데 지금 와서 할 수 있겠어? 뻥 치지 마! 넌 못 해!'라고 말했을 것이고 B의 잠재의식은 B에게 '너 여태까지도 잘해왔는데 이번이라고 못 하겠어? 넌 충분히 할 수 있어!'라고 말했을 것이다. 이 모든 것은 우리가 눈치 채기도 전에 이루어지는 일련의 과정이다.

A도 그런 자기 자신이 너무 싫은데 어떻게 해야 할지 모른다. 어떻게 해야 A가 바뀔 수 있을까? 답은 바로 정체성이다. 정체성을 바꿔야 한

다. '나는 책을 읽지 않는 사람'이라는 정체성이 바뀌지 않는다면 독서가 힘든 일이 되어버린다. 그렇다면 정체성은 어떻게 바꿀 수 있을까? 답은 바로 습관이다. 책에서는 습관이 정체성을 만들어간다고 한다. 따라서 습관은 한 사람의 운명이 된다. 독서와 같은 좋은 습관을 가진 사람은 좋은 운명을 만들고 도둑질과 같은 나쁜 습관을 가진 사람은 나쁜 운명을 만든다. 그러니 본인의 습관에 굉장히 공을 들여야 한다. 최대한 좋은 습관을 많이 만들기 위해 노력해야 하고 이미 가지고 있는 나쁜 습관도 버리기 위해 애써야 한다.

책을 읽고 싶은데 잘 되지 않는다면 '나는 이제부터 책을 읽겠다.'라고 결심했기 때문이다. 당신의 잠재의식이 '이건 또 뭔 개 풀 뜯어먹는 소리야? 여태 책을 안 읽던 사람이 갑자기?'라고 생각하기 때문이다. 잠재의식은 그동안 당신이 얼마나 많은 결심을 했고 얼마나 많은 실패를 경험했는지 모두 알고 있다. 그러니 당신의 결심이 우스울 수밖에 없다. 잠재의식이 당신의 드림킬러가 되기 전에 행동으로 치고 들어가야 한다. '나는 독서하는 사람이야.'라고 생각하는 동시에 책을 읽는 것이다. 행동까지 하는 당신을 보며 잠재의식은 '얘가 갑자기 왜 이러지? 오늘 뭘 잘못 먹었나? 그래, 오늘만 이러다 말겠지.'라고 생각한다. 그러다 같은 행동이 2일, 3일, 한 달 꾸준히 반복되면 잠재의식은 어느새 '너 독서하는 사람 맞네.'라고 하며 당신을 인정해준다.

그런데 만약 당신이 중도 포기한다면 '그래, 내 그럴 줄 알았다. 네가 그럼 그렇지.'라고 하며 모욕감을 줄 것이다. 그리고 다음에 당신이 또 무슨 결심을 할 때 당신 귀에 대고 악마처럼 속삭일 것이다. '헛된 짓거리하지 말고 그냥 편하게 살아~.' 하고.

"땀을 많이 흘린 병사는 전쟁에서 피를 적게 흘린다."는 말이 있다. 평소에 노력하는 사람은 중요한 순간에 그 결실을 맺는다는 뜻이다. 칼라힐은 "게으름 속에는 영원한 절망만 있다."고 말했다. 매일 1페이지라도 읽어서 '매일 독서하는 사람'이라는 정체성부터 만들자.

습관이란 인간으로 하여금
어떤 일이든지 하게 만든다.

– 표도르 도스토옙스키

04

깨달음을 주는
책을 읽어라

아무 음식이나 먹지 않듯이 아무 책이나 읽어서도 안 된다. 우리에게 만족감을 제공하는 음식을 먹듯이 깨달음을 주는 책을 읽어야 한다. 물론 아무 책이나 소소한 의미는 있겠지만 우리는 짧은 시간 안에 최대의 만족감을 낳는 책부터 읽어야 한다. 만약 "나는 앞으로 살날이 깃털같이 많아서 상관없어요. 천천히 읽을래요."라고 한다면 아무 책부터 읽어도 무방하다. 하지만 당신은 빨리 변화하고 싶고 빨리 성공하고 싶을 것이다. 그러니 서점으로 가서 인생 책을 골라라.

정답은 없다. 모든 사람이 다 다르듯이 당신에게 맞는 책도 다르다. 그러니 누구에게 '저에게 어떤 책을 추천하나요?'라고 묻는 것은 굉장히 곤

란한 일이다. 그 답은 누구보다 자신이 가장 잘 알기 때문이다. 누구에게는 인생 책이 될 수 있지만 누구에게는 그저 그런 책이 될 수도 있다. 당신이 공감할 수 있는 책을 읽어야 한다.

'생각하고 궁리하다 알게 되는 것'이 깨달음의 사전적 의미이다. 즉 우리가 읽는 책이 우리에게 깨달음을 주려면 우리로 하여금 생각하고 궁리하게 만들어야 한다. 깊이 음미할 수 있는 글이어야 한다는 뜻이다.

나는 책을 읽고 부정적인 마음가짐이 인생에 어떻게 작용하는지에 대해 철저히 깨달았다. 우리는 항상 무언가를 하지 않기 위해 온갖 핑계를 댄다. 마치 핑계가 아닌 것처럼 그럴듯하게 포장을 해서. 우리는 만사 내면의 목소리를 따르기보다는 현실적인 이유를 찾기에 급급하다.

그동안 내가 아무리 발버둥쳐도 삶에 큰 변화가 없었던 것은 부정적인 마음가짐을 하고 있었기 때문이다. 우리가 이 세상에서 유일하게 통제할 수 있는 건 자신의 마음뿐이다. 마음이라는 내부 세상을 통제하는 것이 결국 모든 것을 통제하는 것이다. 마음 태도를 바꿈으로써 실패자의 삶에서 성공자의 삶으로 방향을 바꿀 수 있으니, 결국 '모든 것'이라고도 할 수 있는 것이다.

우리는 가끔 고통과 마주하기 싫어서 그것을 외면하는 가장 쉬운 방법으로 도망을 선택한다. 예를 들면 아픈 이별 후 사랑하는 사람과의 추억이 곳곳에 남아 있는 장소를 떠나는 이유다. 우리는 고통과 마주하기 싫어서 고통 받은 장소를 떠나지만 마음속에서까지 지워버릴 수는 없다. 오직 긍정적인 방식으로 고통과 마주해야만 마음속에서 제대로 떠나보낼 수 있다.

우리는 살면서 수많은 선택의 기로에 놓인다. 마찬가지로 모든 상황에서 마음가짐 역시 내가 선택할 수 있다. 다만 그동안 자신의 인생이 잘 풀리지 않았다면 당신 역시 부정적인 마음가짐을 선택했기 때문일 것이다. 그러면 앞으로 우리는 어떻게 마음가짐을 바꿀 수 있을까? 책에서는 현재 자신이 처해 있는 모든 상황을 직시하고 온전히 받아들였을 때 제대로 미래를 꿈꿀 수 있다고 말한다.

오직 긍정적인 마음가짐만이 놀라운 성공을 가져다준다. 긍정적인 생각으로 머릿속을 가득 채우면 그 어떤 보약도 필요가 없다. 만병의 근원은 스트레스이기 때문이다.

반대로 자신이 처한 환경을 외면하고 온전히 받아들이지 못하면 원망에 사로잡혀 한 발자국도 앞으로 나아갈 수가 없다. 당신은 자신이 처한 상황에 대해 남을 탓하거나 세상을 원망할 수도 있지만 그렇다고 달라지는 건 아무것도 없다. 책에서는 모든 책임을 오롯이 자신에게 돌릴 때 삶의 통제권을 손에 쥘 수가 있다고 말한다. 남을 탓하고 원망한다 해도 그 대가를 치르는 사람은 그 누구도 아닌 당신 자신이기 때문이다.

꾸준한 독서를 시작하기 이전의 나는 내가 처한 환경을 온전히 받아들이지 못했다. 왜 나만 이런 불행을 겪어야 하느냐는 생각이 나를 더욱더 불행하게 만들었다. 하지만 나에게 깨달음을 주는 많은 책들을 읽자 어느새 나도 모르게 나와 관련된 모든 것들을 천천히 받아들이게 되었다. 만약 그런 책들을 읽지 않았다면 지금의 나는 어떤 모습일까? 상상하기도 싫다. 아마 예전과 별반 다르지 않은 오늘을 살고 있을 것이다.

미국 작가 레이 브래드베리는 이런 명언을 남겼다.

"한 문화를 파괴하기 위해 책을 불태울 필요는 없다. 단지, 사람들로 하여금 책을 읽지 않게 만들면 되는 것이다."

책의 힘은 실로 위대하다. 어쩌다 만난 책 속의 한 문장이 어쩌면 당신의 운명을 바꿔줄 수도 있다. 깨달음을 주는 책이란 결국 우리의 인생을 바꿔줄 수 있는 책이다. 작은 깨달음들이 모여 큰 지혜가 되어 빛을 발하는 순간 우리의 인생도 획기적으로 바뀌게 될 것이다.

현실이 중요한 것이 아니라
당신이 그것을 어떻게 해석하고
무엇을 하느냐가 중요한 것이다.

– 웨인 다이어

05

결과가 있는
독서를 하라

책을 읽고 나면 나에게 변화라는 결과가 있어야 한다. 아무런 변화가 없다면 안 읽은 거나 마찬가지다. 그러면 어떻게 결과가 있는 독서를 해야 할까? 우선 내가 원하는 게 무엇인지 파악하고 그에 관한 책부터 읽어야 한다. 예를 들면 나는 쉽게 상처받는 것이 고민인 사람이라면 어떻게 덜 상처받을 수 있는지에 관한 책을 읽어야 하고 업무적으로 도움을 받고 싶다면 해당 분야에 관한 책을 읽어야 한다. 나에게 필요한 책부터 읽어야 독서에 흥미를 빨리 느낄 수 있다.

우리가 각종 매체를 통해 접하는 비참한 사건이나 현실은 우리에게 부정적인 에너지를 심어준다고 한다. 우리가 평소 보고 듣고 느끼는 것들은 그냥 보기엔 우리를 스쳐지나가는 것처럼 보이지만, 사실 그것들은 우리의 뇌리에 오래도록 남아 있으면서 삶에 지대한 영향을 준다. 부정적인 것들에 오래 노출되다 보면 결국 부정적인 에너지가 가득한 사람으로 변하는 것이다.

혹시 살면서 이런 경험을 해본 적 있는가?

당신이 원하지 않는, 혹은 내키지 않는 환경에 노출된 경험 말이다.

예를 들면 성희롱이 아무렇지도 않게 받아들여지는 직장에 모르고 취직했다고 하자. 처음엔 그런 환경에 강한 거부반응을 일으키면서 직장을 때려치우고 싶을 것이다. 하지만 대우가 좋아서 혹은 기타의 이유로 그만두지 못했다고 하자. 그런 환경에 익숙해지면 처음엔 화를 내다가도 나중에는 귀찮아서 그냥 참게 되고 그 단계를 지나면 받아들이게 되며 나중에는 즐기는 단계까지 갈 수도 있다. '바늘 도둑이 소 도둑 된다'는 속담이 있듯이 그 시작이 얼마나 사소한지는 별로 중요치 않다. 결과는 어마어마해지기 때문이다.

가끔 영화에서 부정을 저지른 배우가 이런 대사를 하는 장면이 나온다.

"다시 돌아가기엔 난 이미 너무 멀리 와버렸어."

부정적인 것을 처음부터 거절하지 못했다면 시간이 지날수록 가랑비에 옷 젖듯이 자신도 모르는 사이에 홀딱 젖어버린다. 결국 돌이킬 수 없는 국면에 다다른다.

그러고보니 나는 예전에 부정적인 내용의 프로그램을 즐겨보았다. 그 프로그램들에서는 각각 미제사건, 이야기의 이면에 숨어 있는 이유, 부부 갈등, 사건 사고 이야기, 사건 사고 뒤에 숨겨진 인생 이야기를 다루고 있었다. 이 프로그램들을 보고 있노라면 '세상에 참 별의별 일이 다 있구나.'하는 생각이 저절로 든다. 섬뜩하고 무서운 사건부터 잔혹하고 지독한 사건까지, 우리가 살고 있는 세상이 너무 무섭게 느껴진다. 세상에 믿을 사람 하나 없어 보인다. 그럼에도 중독성이 있어서 자꾸 보게 된다.

인터넷에서도 각종 자극적인 기사 제목들이 눈길을 끈다. 호기심에 클릭해보면 안 본 눈을 사고 싶을 정도로 끔찍한 사건들도 있다. 한 번은 밤에 잠이 오지 않아 기사 하나를 클릭했다가 아예 잠을 못 잔 적이 있다. 어떻게 인간으로서 그런 짓을 저질렀는지 정상적인 뇌로는 도저히 이해가 안 되었고 더 소름 돋는 건 그들도 평소엔 양복에 넥타이를 매고 다니는 평범한 회사원이라는 사실이다. 즉 우리 주변에 누가 사이코패스

인지 모른다는 얘기다.

TV 뉴스에서도 끔찍한 사건 사고들이 많이 나온다. 매일 그것들을 보고 있노라면 정말 무섭고 흉흉한 세상이라는 생각밖에 들지 않는다. 밤에 어두운 골목길을 걷고 있노라면 혼자인 것보다 더 무서운 게 뒤따라오는 사람이 있을 때다. 이럴 때면 귀신보다 사람이 더 무섭다는 생각이 저절로 든다.

우리가 봤던 부정적인 기사나 영상의 잔상은 생각보다 오래 간다. 부정적인 것들을 많이 접하면 부정적으로 변할 수밖에 없다. 우리가 보는 것에도 신경을 써야 하는 이유다. 폭력적인 게임을 하거나 폭력적인 영상을 자주 보면 자연스레 폭력적으로 변하게 마련이다. 끔찍한 기사가 터지고 모방 범죄가 늘어나는 것 역시 잠재적 범죄자들이 그 영상을 보고 자극을 받았기 때문이다.

예전에 부정적인 프로그램을 즐겨봤던 이유는 그런 것들을 봐야 더 조심하게 되어 피해자가 되는 것을 미연에 방지할 수 있다는 생각에서였다. 하지만 시간이 가면 갈수록 세상이 어둡게만 보였다. 어쩐지 나도 더 부정적으로 변한 것 같았다. 더 많은 세월이 흐르자 사실 우리 주변에는 좋은 사람이 훨씬 많다는 것을 깨닫게 되었다. 그때 그런 생각이 들었다.

이제부터 부정적인 프로그램을 적게 봐야 겠다고. 그 뒤로 어쩔 수 없이 내가 접하게 되는 것 말고는 자발적으로 보는 일은 그만두었다.

비관은 기회 뒤에 숨어 있는

한 가지 문제점을 찾지만

낙관은 문제점 뒤에 숨어 있는

기회를 찾는다.

– 윌리엄 셰익스피어

06

책에서 얻은 깨달음을
생활에서 실천하라

책을 읽다 보면 무수히 많은 깨달음을 얻게 된다. 그런데 여기서 멈추면 안 된다. 실천을 동반하지 않은 깨달음은 아무런 의미도 없기 때문이다. 『나는 고작 한 번 해봤을 뿐이다』라는 책에서는 "기회의 문은 무수히 작은 실천을 통해 마치 우연인 듯 열린다."고 말한다.

『돈을 좋아하는 사람 돈이 좋아하는 사람』이라는 책에서 낭비는 스트레스로 생기는 마음의 상처를 메꾸는 수단이 되었다고 말한다.

그래서 스트레스를 많이 받는 사람들은 거의가 맥시멈리스트다. 그들은 마음의 공허함을 물건으로 채우기 때문이다. 사실은 나도 예전에 그랬다. 원하지 않는 일들을 하면서 마음이 항상 공허했다. 구멍이 뻥 뚫린 것만 같았다.

지금 생각해보면 나는 꿈으로 살아야 하는 사람인데 꿈이 없었던 그 시간 동안 마음이 얼마나 공허했을까? 그래서 나는 그 마음의 빈 공간을 쓸데없는 물건들로 채우고 또 채웠다. 그렇게 해서 내 공허함은 채워졌을까? 아니, 더 공허해졌다. 마치 밑 빠진 독에 물 붓는 식이었다.

가난한 사람들의 마음은 공허하다. 쥐꼬리만 한 돈을 모아서 언제 1,000만 원을 모으고 언제 1억 원을 모을까 생각하면 앞날이 막막하고 머리가 아프다. 그러니 소확행을 꿈꾸고 욜로를 꿈꾸는 것이다. 불확실한 미래보다는 확실한 현재에 투자를 하는 것이다. 나도 예전에 그랬다. 하지만 행복하지 않았다. 해가 거듭될수록 아무것도 해놓은 게 없는 내 자신이 극도로 초라하게 느껴졌다. 1억 원은커녕 1,000만 원 모으기도 힘들었다. 내 인생에 돌파구가 필요했다. 그래서 나는 대인기피증이 있었음에도 불구하고 캐디에 도전했다. 나에게는 어마어마한 도전이었던 셈이다. 나는 그저 다른 사람들처럼 현재에 만족하면서 살고 싶지 않았을 뿐이다. 그래서 정말 두렵지만 생소한 직업에 도전했던 것이다. 오로지 돈 때문이었다. 그래서 행복하지 않았다. 하지만 돈이 주는 만족감은 분명히 있었다. 그래서 한 달에 300~400만 원을 벌 때 마음속에 일말의 만족감과 뿌듯함은 있었다.

하지만 그린에 앉아 고객님들 볼을 닦아주면서 라이를 봐줄 때는 가끔 '여긴 어디? 나는 누구?'라는 생각이 들었다. 무슨 믿음인지는 모르겠지만 내 맘속에는 항상 그런 믿음이 있었다. '나는 일반 사람들과 달라, 나는 크게 될 사람이야.'라는 믿음. '그런데 왜 여기 있는지 나도 모르겠어.'라는 생각도 들었다. 그래서 남들보다 항상 더 괴로웠다.

현재에 만족하면서 살 수 있었으면 덜 괴로웠을 거다. 친구들은 그냥 별 생각 없이 현실에 잘 적응하고 지내는 것 같은데 나만 유독 꿈과 현실과의 괴리감 때문에 크게 힘들어하는 것 같았다. 하지만 지금은 너무 잘 알겠다. 왜 그럴 수밖에 없었는지. 나는 꿈이 큰 사람이었고 내 자신에게 거는 기대감이 큰 사람이었다. 그래서 항상 현실에 만족할 수 없었던 것이다. 특히 꿈을 향해 가고 있지도 않은 내 삶의 종착지가 어디일지 항상 불안했다.

나는 항상 지금부터 노후 준비를 시작해야겠다고 생각했다. 늙어서 노후 준비를 하는 모습이 비참해 보일 것 같았기 때문이다. 요즘은 100세 시대다. 더군다나 내 손금에서 명금은 어찌나 긴지 100살은 끄떡없을 것 같았다. 내 나이 34살이다. 책에서 부자들은 돈은 기하급수적으로 버는 것이라고 한다. 40살까지 나는 100세까지 쓸 돈을 다 벌 것이다. 나는 나 혼자다. 내 인생은 오로지 내가 책임을 져야 한다. 그 누군가에게 기댄다는 건 기생충이나 다름없다. 그것이 얼마나 고통스러운 삶인지 겪어보지 않으면 모를 것이다. 을의 입장이 되면 공정한 인간관계를 기대할 수조차 없게 된다. 부모 자식 간에도, 부부 사이에도 내가 스스로 돈을 벌어야 당당하고 자유롭게 할 말 다 하면서 살 수 있다.

뉴스에 노후 파산이 많이 나온다. 통장에 500만 원도 없는 노인들이 수두룩하다. 자식들이 결혼하고 집 사는 데 보태주고, 자식들이 힘들 때마다 도와주고 나니 정작 본인을 위한 노후 자금이 없는 것이다. 이것은 악순환이다. 본인의 일은 본인이 알아서 해야 한다. 누군가에게 기대다 보면 사람은 나태해지게 마련이다. 그리고 점점 더 많은 것을 바라게 된다. 그러다 자신이 바라는 만큼 상대가 해주지 않으면 욕하고 원망한다. 사람은 받을수록 거지 근성이 생기기 때문이다. 자식들은 커서 부모에게 손 내밀지 말고 부모들도 노후 준비를 잘해서 자식들에게 손 내밀지 않는 게 제일 바람직하다. 서로가 기대다보면 서로의 인생이 피곤해진다.

『나는 미니멀리스트, 이기주의자입니다』라는 책의 저자는 상상할 수 없을 정도의 심플한 삶을 추구하는 사람이었다. 그는 맨바닥에 담요 하나만 둘둘 말고 자고 식사는 1일 1식이었다. 그는 지갑도 갖고 다니지 않으며 같은 옷을 여러 벌 구입하여 매일 같은 코디를 한다. 스티브 잡스처럼 옷을 고르는 데 불필요한 시간을 사용하지 않기 위해서이다. TV, 냉장고, 테이블, 침대, 수납장, 커튼 모두 없다. 일을 하거나 식사할 때는 창가에서 해결한다. 세탁기 바로 위에 옷들을 걸어놓는다. 그는 불필요한 움직임이 없는 배치가 매우 마음에 든다고 한다. 이것도 그만의 '배치의 미니멀리즘'이었다.

그는 책에서 "어디에 돈을 쓰고 어디에 쓰지 않을지를 결정하니, 삶이 꿈틀거리기 시작했다."고 말한다. 그는 가구와 가전이 거의 없는 다다미 넉 장 반(약 2평), 월세 2만 엔짜리 방에 살고 있으며 한 달 생활비는 7만 엔이라고 한다. 그는 가진 게 아무것도 없지만 오히려 지금 인생이 삶을 통틀어 가장 만족스럽다고 했다.

그는 또 생활을 규정하는 건 미니멀리즘이라는 삶의 방식이라며, 보다 금욕적으로, 보다 미니멀하게 자신을 정돈해가는 삶의 방식을 접한 후로 자신의 인생이 완전히 바뀌었다고 말한다. 그동안 꼼짝달싹 못하게 했던 '돈'이라는 존재에서 해방되어 자유를 얻었다고 선언한다.

우리는 돈을 벌어서 많은 물건을 소유하는 데 사용한다. 몇백만 원짜리 명품 백이 될 수도 있고 몇십만 원짜리 옷이 될 수도 있다. 또는 가전이 될 수도 있고 화장품이 될 수도 있다. 비록 먹고살기 위해 돈을 번다고 하지만 정작 돈은 물건을 소유하는 데 훨씬 많이 사용된다. 명품 백하나를 사기 위해서는 사람에 따라 다르겠지만 몇 달 동안 벌어야 한다. 만약 이런 것들을 소유하지 않는다면 훨씬 수월하게 살 수 있다는 게 저자의 깨달음이다.

나는 한 때 미니멀리스트에 관한 책을 많이 읽어보았다. 내 마음을 사로잡는 부분이 많았다. 어떤 책에서는 우리가 갖고 있는 물건의 80%는 없어도 되는 것이라고 했다. 그리고 날마다 한 가지씩 버리라고 하는 책도 있었다. 2년 동안 입지 않는 옷은 앞으로도 입을 일이 거의 없다고 했다. 그리고 보니 나에게는 몇 년 동안 입지 않은 옷이 수두룩했다. 하지만 버리지를 못했다. 언젠가는 입을 것 같았기 때문이다. 하지만 그런 일은 없었다.

나는 바로 안 입는 옷들을 모두 꺼내서 버리기 시작했다. 그러자 신기하게도 마음이 설레었다. 신발이며 옷이며 그동안 아까워서 버리지 못했던 것들을 모두 버리고나니 속이 다 후련했다. 마치 내 마음속의 묵은 때를 벗겨낸 것만 같았다. 책에서는 외부는 내면을 비추는 거울이라고 한다. 외부의 잡동사니들을 치워버리고 나니 마음도 한결 가벼워진 느낌이었다. 옷이며 가전이며 잡동사니며 당장 필요한 것만 빼고 다 버려버렸다. 그동안 스트레스를 쇼핑으로 풀어서 산 물건들은 오히려 내게 더 큰 스트레스를 가져다주었던 것이다.

벤저민 프랭클린은 "어떤 일을 하기로 했다면 24시간 안에 그 결심과 관련된 작은 일 하나라도 반드시 실천한다."라고 했다. 디데이부터 잡지 말고 지금 당장 실천하자. 내일로 미루기만 하다가 내일이 당신을 무덤 으로 보내버리는 수가 있다.

소유하기 위해서 만든 그 많은 물건들이, 내 것으로 소유했다고 자랑스럽게 느꼈던 것들이 마침내는 우리들을 소유하게 된 듯하다. 그것들이 우리를 위해 있다기보다는 우리들이 그것들을 위해서 있는 듯한 느낌을 때로 갖게 된다.

– 박이문, 『박이문 철학 에세이』

07

좋은 구절은
필사를 하라

'필사'라는 단어가 굉장히 낯설 수도 있다. 필사란 '베껴 씀'이라는 의미를 가진다. 책을 읽으면서 내가 좋다고 생각하는 문장을 골라 필사를 할 수도 있고 내가 정말 좋아하는 책 한 권을 통째로 필사할 수도 있다. 영국 철학가 프랜시스 베이컨은 "독서는 충실한 인간을 만들고, 글 쓰기는 정확한 인간을 만든다."고 말했다.

나도 처음에는 필사라는 단어가 굉장히 생소했다. 그래서 책에서 필사의 좋은 점에 대해 읽은 후 과연 진짜로 그렇게 많은 장점이 있는지 갸우뚱했다. 그래서 직접 해보기로 결심했다. 그렇게 필사를 시작하고 얼마

지나지 않아 나의 의심은 점점 사라지기 시작했다.

필사는 그냥 대충 읽는 것보다 책의 내용을 한 글자, 한 글자 씹어서 음미하는 과정이다. 또한 그 과정에서 그냥 읽었을 때와는 차원이 다른 깊은 깨달음을 얻을 수 있다. 그냥 읽을 때보다 필사를 하면 뇌의 속도가 느려져서 자신과의 진정한 대화가 시작된다. 그동안 내 마음속에 어떤 생각이 도사리고 있었는지, 그때는 왜 그럴 수밖에 없었는지, 앞으로는 어떻게 살아갈 건지. 어쩌면 그동안 애써 외면해왔던 마음속 두려운 진실에까지 닿게 될지도 모른다.

당신이 깨달음을 얻은 책, 좀 더 깊이 알아가고 싶은 책이 있다면 꼭 필사를 해보길 권한다. 자신과의 진정한 내면의 대화는 어쩌면 종이 위에서부터 시작될지도 모른다.

필사를 하면 손가락을 사용해서 글씨를 써야 한다. 손가락을 자주 움직이면 치매 예방에 좋다는 말을 들어봤을 것이다. 그 이유는 손가락을 많이 움직이면 뇌세포의 활동을 자극하기 때문이다. 손 글씨를 쓰면 뇌를 자극시켜서 기억력도 좋아진다. 우리의 뇌는 손과 연결된 신경세포가 가장 많은 부위이기 때문이다.

필사를 하다 보면 책을 한 번 보고 노트에 옮겨 적고, 또 한 번 보고 노트에 옮겨 적고 이런 과정이 무수히 반복된다. 그 과정에서 우리는 글을 꼼꼼하게 살펴보게 되며 같은 문장도 여러 번 곱씹어 읽어보게 되어 그냥 읽었을 때보다 이해도 자체가 달라진다. 어려운 문장도 선명하게 이해할 수 있다.

필사를 하면 글을 소리 내어 읽게 되고 여러 번 웅얼거리게 된다. 입으로 내뱉은 말은 잘 잊히지 않는다. 이는 과학적으로도 증명된 사실이다. 그러니 책의 내용이 더 오래 머릿속에 남는다. 우리가 무언가를 외울 때 소리 내어 읽는 이유도 이 때문이다. 장기기억에 유리하기 때문이다.

필사를 하다 보면 맞춤법이나 띄어쓰기도 자연스레 잘하게 되고 어휘량도 증가한다. 글을 쓰는 동안 생각하는 힘이 생겨서 생각이 스스로 정리되고 논리적으로 생각하는 능력까지 생긴다. 글 솜씨가 좋아지는 것은 덤이다.

필사는 또 저자의 입장에서 책을 쓰는 느낌이 들게도 한다. 마치 내가 저자에 빙의되어 원고 집필을 하고 있는 것만 같은 착각이 들 때도 있다. 필사를 하다 보면 이 글이 내가 쓰는 글인 양 느껴지기도 하기 때문이다. 만약 작가가 꿈이거나 책 한 권 쓰고 싶은 생각이 있다면 꼭 필사를 생활화하라고 말하고 싶다. 내가 좋아하는 저자의 책 한 권을 통째로 필사하다 보면 원고는 어떻게 써야 하는지 대충 감이 잡힐 것이다.

책에서는 읽고 생각하고 필사하는 것만으로도 감정 치유가 된다고 말한다. 손을 쓰면 행복해지고 불안과 우울도 도망간다고 한다. 필사는 독서와 마찬가지로 내가 무언가를 하고 있다는 것에서 오는 만족감을 느끼게 하고 열심히 살고 있는 것 같은 느낌을 받게 한다.

필사는 나와 대화하고 자아를 대면하여 나를 알아가고 자아를 찾아가게 만드는 과정이라고 말한다. 그 과정에서 우리는 나라는 사람을 좀 더 깊게 알아가고 진정한 자아를 찾을 수 있게 된다. 나도 한때는 나 자신을 잘 안다고 생각했다. 하지만 노래 가사처럼 내 안엔 내가 너무도 많았다. 어떤 때는 나조차도 내 자신이 너무 이해가 되지 않아 책속에서 답을 찾곤 했다. 그리고 그 과정이 쉽진 않았지만 책 속에선 늘 답을 찾을 수가 있었다. 그리고는 책 속에서 어렵게 찾은 답을 노트에 따로 필사했다. 그 과정에서 한 번 더 위로와 감동을 받고 독서를 초월한 깨달음까지 얻을 수 있었다.

내 인생을 바꾼 한 줄 명언

오로지 당신이 해야 할 것은

하나의 진실된 문장을 쓰는 것이다.

– 어니스트 헤밍웨이

Chapter 5

나는 독서로 세상에서 가장 바꾸기 어려운 나 자신을 바꿨다

01

나처럼 독서를 통해
삶이 달라지는 경험을 하라

1년간의 꾸준한 독서를 통해 나에게는 많은 변화가 있었다. 하지만 가장 큰 변화는 꿈이 생긴 것을 넘어서서 꿈을 이룬 것이다. 단지 버킷리스트에 지나지 않았던 꿈이 드디어 현실이 된 것이다. 어떻게 이런 일이 벌어졌을까?

이노우에 히로유키는 그의 저서 『배움을 돈으로 바꾸는 기술』에서 인생은 자신의 능력에 맞게 서서히 단계를 높여가는 과정이지만, 때로는 도약해보겠다고 마음먹는 것이 필요하다고 말한다. 그는 그런 도약을 통해 단숨에 자신의 레벨을 높일 수 있다고 설명한다.

나는 여태까지 밀린 인생이 있기 때문에 단숨에 성공하고 싶었다. 우리 민족은 뭐든 빠른 것을 좋아하지 않는가. 한 방을 좋아하는 민족이기도 하다. 그래서 한 방에 훅 가는 경우도 가끔 있지만 말이다.

나는 20대 때 책에서 5년만 꿈을 위해 노력하면 성공할 것이라는 문장을 보고는 5년이 너무 길게 느껴진 나머지 아무것도 하지 않았다. 하지만 내가 꿈을 위해 힘들게 5년을 보내든, 아무것도 하지 않고 게으르게 5년을 보내든 어쨌든 5년이라는 시간은 간다. 그리고 5년 후의 삶은 내가 했던 선택에 의해 결정된다. 그때까지 나는 고액의 특강 같은 것을 들어본 적이 없었다. 자기계발은 독서가 유일했다. 하지만 책을 읽어보니 그게 아니었다. 가난한 사람들은 책도 읽지 않는 사람들이 수두룩하지만, 크게 성공한 부자들은 독서는 물론이고 고액의 세미나나 특강에 참여하는 데에도 돈을 아끼지 않았다.

이런 말을 들은 적이 있다. 공짜로 진행하는 강의에 가면 공짜를 좋아하는 사람들을 만나게 되고 100만 원짜리 강의에 가면 100만 원 수준에 맞는 사람들을 만나게 된다는 것이다. 여기서 수준이라는 것은 그 사람의 '의식 수준'을 말한다. 의식의 변화가 없이는 공짜 강의만 듣던 사람이 어느 날 갑자기 100만 원짜리 강의를 들으러 가는 일은 벌어지지 않는다. 나도 예전에는 큰돈을 내고 강의를 들으러 간다는 생각을 하지도 못했다. 기껏해야 몇만 원짜리 강의 들으러나 가볼까 하는 고민만 했다. 하지만 부자가 되고 싶어 읽었던 부에 관한 책들은 나의 의식 수준을 높여주어 부자들의 마인드를 닮아갈 수 있었다.

'노는 걸 잠시 미루면 노는 물이 달라진다'는 말이 있다. 빨리 노력할수록 노는 시기를 앞당길 수 있다. 요즘 가장 핫한 키워드가 '영앤리치'이다. 젊은 부자가 각광을 받고 있는 시대다. 그들은 젊은 나이에 거대한 부를 이루고 삶을 마음껏 누리고 있다.

'여행은 두 다리 떨릴 때 가지 말고 심장이 뛸 때 가라'는 말이 있지 않은가! 여행을 떠나고 싶으면 당장 떠날 수 있고, 사고 싶은 것이 있으면 당장 살 수 있고, 하고 싶은 것이 있으면 당장 할 수 있는 그런 시간적, 금전적 여유는 우리의 삶을 보다 풍요롭게 만든다.

수많은 책에서 자신에게 수입의 10%를 투자하면 10배, 100배로 돌아온다고 말한다. 자신에게 투자하면 사람은 업그레이드되기 마련이다. 즉 몸값이 올라가는 것이다. 수입이 없다면 시간을 투자하면 된다. 여러 저자들은 여유 시간의 대부분을 무엇을 하면서 보내느냐에 따라 인생이 달라진다고 말한다. 크게 성공하려면 크게 발전해야 한다. 즉 당신이 원하는 성공의 수준에 맞춰 자신의 가치를 높이는 데 투자해야 한다는 뜻이다.

부자들이 거액을 들여 세미나나 특강을 듣는다는 얘기는 책에서 종종 본 적이 있었는지라 나도 한번 해봐야겠다는 생각이 들었다. 책에서는 연봉 10억 원을 벌고 싶으면 1억 원을 자신에게 투자하라고 말한다.

나는 책을 쓰는 데 투자했다. 예전의 나라면 상상도 못 했을 일이지만 필요하다고 생각되어 과감히 투자했다. 이 투자가 엄청난 결실을 가져올 것이라고 확신한다.

삶의 목적은 자기계발이다.

자신의 본성을 완벽하게 실현하는 것,

바로 그 목적을 위해 우리 모두가

지금 여기 존재한다.

– 오스카 와일드

02

지금부터 삶이 바뀌는
독서 적금을 시작해라

우리는 이자가 2%대밖에 안 되는 은행적금은 누가 시키지 않아도 들지만 이자가 무한대인 독서적금은 누가 시켜도 들지 않는다. 왜냐? 돈은 눈에 보이지만 지혜는 눈에 보이지 않기 때문에 돈과 연관 짓지 못하기 때문이다. 책에서는 자기 자신에게 투자하면 이율은 500~600%나 된다고 한다. 무려 성공한 사람들의 88%이상이 하루에 30분 이상의 독서를 즐긴다고 한다. 독서는 가격대비 최고의 자기투자다.

워런 버핏은 여전히 하루에 5~6시간은 독서를 한다고 한다. 그는 컬럼비아 대학 강연에서 매일 500페이지씩 읽으라고 말했고, 높이 쌓인 보고

서와 논문더미를 보며 "이것이 지식이 효력을 발휘하는 방식인데 지식은 복리처럼 쌓인다."라고 말했다.

복리는 눈덩이를 굴리는 모습을 떠올리면 이해가 빨리 된다. 눈덩이는 처음에는 아주 작지만 굴리면 굴릴수록 어마어마한 속도로 불어난다. 독서도 마찬가지다. 처음에는 책을 읽어서 삶에 무슨 도움이 되겠냐 싶지만 시간이 갈수록 독서를 하는 사람과 하지 않는 사람의 차이는 어마어마하게 커진다.

『유대인의 돈 버는 상술』에 이런 이야기가 나온다. 유대인이 각 나라에서 온 부자들과 함께 배에 타게 되었는데 부자들이 서로 자기가 갖고 온 금은보화를 보여주며 자랑을 늘어놓았다. 그런데 유대인만은 예외였다. 그런 그를 보고 부자들이 당신도 한번 자랑을 해보라고 했다. 그러자 유대인은 내가 가진 보물은 너무나 귀해서 눈에 보이지가 않는다고 했다. 그러자 부자들은 껄껄껄 웃으며 유대인을 비웃었다. 아무것도 가진 게 없으면서 허풍을 떤다고 생각했기 때문이다. 그런데 그때 갑자기 해적들이 배에 들이닥쳐 부자들의 금은보화를 모조리 빼앗아가 버렸다. 그들은 순식간에 거지가 되었다. 하지만 유대인은 배가 멈추자 목적지에 내려 장사를 시작했고 곧 큰돈을 벌어들였다. 그가 가진 보물은 바로 지혜였던 것이다. 머릿속의 지혜는 세상 그 어떤 보물보다도 귀하지만 아무도 훔쳐갈 수가 없는 게 특징이다.

가난한 사람들은 사기를 당하거나 한 번 망하면 주저앉아 일어나지 못하지만 크게 성공한 부자들은 엄청난 빚더미에 앉았다가도 기사회생한다. 오히려 망하기 전보다 더 큰 부자가 되기도 한다. 그 이유가 무엇일까? 크게 성공한 부자들은 그 자리에 오르기까지 엄청난 지혜를 쌓았던 것이다. 그래서 비록 망했지만 머릿속의 지혜만은 그대로였기에 다시 일어설 수 있었던 것이다. 지혜는 비록 보이지는 않지만 그 무엇보다도 가치가 있다.

나는 책에서 이런 이야기를 본 적이 있다.

80세 된 할머니가 임종 때 제일 후회되는 일이 뭐냐고 물으니 60세 때 바이올린을 배우지 않은 일이라고 했다. 60세 때 할머니는 바이올린이 몹시 배우고 싶었지만 지금 이 나이에 배운들 뭐하겠냐고 너무 늦었다고 생각되어 배우지 않았다. 그런데 80세가 되자 그 괴로움은 점점 커져 급기야 이런 생각까지 하게 된 것이다. '내가 만약 그때 바이올린을 배웠더라면 지금쯤 20년이 되었으니 얼마나 연주를 잘할까?'

우리는 항상 후회를 하면서 살아간다. 하지만 지나간 일은 아무리 후회한들 돌이킬 수 없다는 것을 내 자신이 더 잘 안다. 다만 머리 따로, 마음 따로 놀뿐이다. 누군가 피아노를 배운다고 하면 많은 사람들이 피아

노는 어릴 때나 배우는 거라고, 지금은 이미 늦었다고 말한다. 하지만 지금은 100세 시대다. 결코 늦은 때란 없다. 무엇을 시작하기에 늦은 때란 결국 인간들이 만들어낸 핑계에 불과하다. 그러니 세상의 편견에 물러나지 말고 자기의 인생을 살아야 한다. 다른 사람의 의견에 내 인생을 맡기지 말아야 한다. 그 사람들이 내 인생을 살아주는 것이 아니다. 그러니 남의 인생을 살지 말고 내 뜻대로 살자.

책을 많이 읽어야 하는 이유는 이 세상엔 훌륭한 책이 정말 많고 또 많기 때문이다. 그런데 독서량이 적다면 그 엄청난 지혜들을 내 것으로 만들 기회 역시 줄어들게 된다. 그래서 부자들은 책 한 권을 덮고 나면 소름이 돋는다고 말한다. 이 지혜들을 모르고 살아갈 뻔한 걸 생각하니 저도 모르게 두려움이 엄습했던 것이다. 나 역시 한 권의 좋은 책을 덮고 나면 그런 느낌이 든다. 책 속에서 만난 지혜와 깨달음들이 어떻게 내 인생에 적용될지는 아무도 모른다. 또 얼마나 큰 가치로 탄생될지도 모른다. 확실한 것은 그것들이 모여 내 삶을 크게 바꿔줄 거란 사실이다.

많은 사람들이 입으로는 부자가 되고 싶다고 말하면서 정작 아무런 행동도 취하지 않는다. 노력해봤자 소용없다는 듯 말이다. 어떻게 돈을 벌까 궁리는 하지만 어떻게 지혜를 쌓을까 하는 고민은 하지 않는다. 돈은 그냥 벌리는 것이 아니다. 지혜가 있어야 돈도 벌린다.

그리고 지혜를 쌓을 수 있는 가장 싸고 훌륭한 방법이 바로 독서다. 책값이 아깝다고 생각하는 사람은 책 속의 가치를 깨닫지 못했기 때문이다. 그 돈이 아깝다고 생각하면 아깝지 않을 때까지 그 책을 읽고 또 읽어보아라. 책 속의 가치를 발견하고 내 것으로 만들 때까지 말이다. 한 번 대충 훑어보고 버린다고 생각하면 아까울 수도 있다. 하지만 책의 가치는 전적으로 나에게 달려 있다.

책에서는 최대한의 만족감을 낳는 몇 가지 행동에만 집중하라고 한다. 하루 중 우리가 하는 대부분 일들의 가치는 매우 낮기 때문에 그것부터 하다 보면 에너지가 소진되어 정작 인생에서 중요한 일들을 처리하는 데 사용할 에너지가 남아 있지 않게 된다. 유한한 에너지를 계획적으로 쓰기 위해서는 하루 일과표를 작성하고 중요한 순서대로 순위를 잡아야 한다. 그리고 순서대로 일을 처리하는 것이다. 그러면 모든 일을 처리하지 못했다고 하더라도 중요한 일들 위주로 처리했기 때문에 우리의 인생에 큰 영향을 미치지 못한다. 반대로 사소한 일부터 하다보면 일찌감치 에너지가 소진되어 막상 중요한 일을 할 수가 없게 된다.

원고를 쓰고 있는 요즘, 나는 모든 일의 간소화를 꿈꾼다. 귀걸이도 하나만 끼고 다닌다. 작은 링으로 되어 있어 뺄 필요도 없다. 화장도 줄였다. 스킨만 바른다. 출근할 땐 선크림 하나를 더 바른다. 마스카라나 색

조화장은 안한다. 다만 립스틱은 생명이라 바른다. 친한 친구들에게 양해를 구하고 밥 먹으려도 잘 나가지 않는다. 나도 나가서 맛있는 걸 같이 먹고 싶지만 두세 시간은 금방 잡아먹는다는 걸 누구보다 잘 알기 때문이다. 한 번이 어렵지 두 번, 세 번은 쉽다. 그러다 원고 쓰기가 싫어지고 원고가 늦어지는 것이다.

내가 이렇게 바뀐 건 모두 원고 쓰기를 우선순위에 두었기 때문이다. 내 인생에 중요하다고 생각하지 않는 이상 사람들은 절대 자신이 기존에 해왔던 걸 잘 포기하지 않는다. 불편하기 때문이다. 하지만 의식이 바뀌어 변화를 꿈꾸게 되면 그때 비로소 삶의 우선순위도 바뀌게 된다.

이번에 책을 쓰면서 시련은 변형된 축복이란 말을 이해할 수 있게 되었다. 고통과 시련이 없다면 깨달음도 없기 때문이다. 깨달음이 쌓일수록 우리는 더욱 완벽한 인생을 살 수 있다. 이젠 내가 겪었던 시련에 감사할 수 있게 되었다. 나는 삶이 바뀌는 독서적금을 현재 1년 넘게 들었고 책에서 약속한 이율 500~600%를 믿고 내 자신에게 과감한 투자를 진행했다. "항상 해오던 일을 하면 항상 얻던 것을 얻는다."는 말이 있다. 언제까지 2%대 적금에 목매고 있을 셈인가? 이제부터 당신의 삶을 획기적으로 바꾸어줄 독서적금을 시작해라.

독서는 비용이 들지 않고
독서를 하면 만 배의 이로움이 있다.
가난한 사람은 독서로 부자가 되고
부자는 독서로 귀하게 된다.

– 왕안석

03

절박함에 시작한 독서가
결국 나를 바꿨다

사람이 절박하면 달라지기 시작한다. 드디어 안전지대에서 탈출을 시도하는 것이다. JYP 박진영이 비의 오디션을 볼 때 그의 춤에서 절박함을 보았다고 한다. 그렇다면 어떤 상태를 절박한 상태라고 볼 수 있을까? 이거 아니면 죽을 것 같다는 상태가 바로 절박한 상태다.

아직도 생각이 난다. 내가 재작년 겨울부터 고속버스를 타고 혹은 기차를 타고 광화문 교보문고를 얼마나 드나들었는지. 그때 그리 간곡히 꿈을 찾아 헤매었는데 지금 이렇게 꿈을 위한 인생을 살고 있다. 불과 얼마 전의 일이다.

책에서는 인생을 바라보는 관점과 선택을 통해 정해진 운명을 바꿀 수 있다고 한다. 애당초 운명은 존재하지 않는다. 운명은 내 손에 달려있다. 내가 뭘 원하는지 내 마음을 들여다보고 조용한 곳에서 정리해보자. 그리고 질질 끌어왔던 일을 매듭지어야 내가 한 단계 업그레이드되거나 다음 단계로 넘어갈 수 있다.

20대 중반이 되자 나는 인생이 참 덧없게 느껴졌다. 지금 생각해보면 그때도 참 파릇파릇하니 예뻤을 때다. 하지만 그때는 주위에서 아무리 얘기해줘도 잘 모른다. 잃어버리고 나서야 우리는 알게 된다. 황금기 같았던 20대 초반이 순식간에 지나가고 소위 결혼적령기가 오자 정말 모든 것이 의미 없게 느껴졌다. 어차피 우리는 나이를 먹을 것이고, 결혼해서 아이 낳고 힘들 것이고, 남편과 시댁에 부대끼다가, 수많은 문제와 갈등으로 세월을 보내다가, 늙어가고 언젠가는 죽는 이 뻔한 스토리의 삶을 굳이 왜 끝까지 살아야 하는지 그 의미를 찾지 못했다. 그렇다고 죽을 수도 없는 노릇이었다.

아마 예전에 아버지도 나와 같은 맘이지 않았나싶다. 그리고 그의 어둠은 나에게 대물림되었다. 유대 격언에는 '불행은 전염병이다. 불행한 사람과 병자는 따로 떨어져서 살 필요가 있다. 그 이상 더 병을 전염시키지 않기 위해서.'라는 말이 있다. 하지만 나에게는 선택의 여지가 없었다.

나에게는 결핍이 너무나도 많았다. 가난부터 부모님의 사랑까지, 그리고 친척들도 없는 거나 마찬가지였고. 살면서 세상에 오로지 나 혼자라는 생각이 많이 들었다. 그래서 더 기를 쓰고 잘 살아보려고 했는지도 모른다. 믿을 사람은 오로지 나 자신뿐이고, 줄곧 결핍을 원망하면서 살았는데 지금 돌이켜 생각해보니 결핍이야말로 내가 열심히 살아가는 원동력이지 않았나 싶다. 믿는 구석이 있으면 사람은 절박해지지 않는다. 하지만 비빌 언덕이라곤 전혀 없었던 나는 절박했고 삶이 내 뜻대로 흘러가지 않을수록 조바심이 났다.

술을 좋아하는 아버지 덕분에 술은 질색하게 됐고 사람을 잘 믿지 않으니 사기당할 일 역시 없었고 눈치 많이 보고 예민하니 상대방이 어떤 사람인지 빠르게 파악하는 능력이 생겼으며 아무도 의지할 사람이 없었기에 뭐든지 혼자서 똑 부러지게 해내는 사람이 되었고 돈 거래를 하지 않는 아버지를 보면서 나 역시 돈 거래는 안 하게 되었다.

어렸을 때 가족으로부터 많은 사랑을 받고 자란 사람들은 그런 기억들이 나머지 인생을 살아가는 데 큰 도움이 된다. 하지만 사랑받은 기억이 별로 없는 사람들은 살아가면서 어려움을 겪는다. 힘든 일이 있을 때 우리를 일으켜줄 수 있는 따뜻한 기억이 없어서다. 그러면 우리 같은 사람들은 어떻게 해야 될까? 우리는 결핍의 에너지로 일어서야 된다. 하지만 결핍의 에너지로 일어설지 아니면 무너져 내릴지는 전적으로 본인의 선택에 달렸다. 평생 결핍을 원망하면서 살 건지, 그럼에도 불구하고 결핍을 강한 원동력 삼아 일어설 건지는 스스로 선택해야 한다.

독서를 통해 나는 세계적으로 크게 성공한 부자들 역시 결핍투성이였다는 사실을 알게 되었다. 하지만 그들은 하나같이 결핍이 그들을 성공으로 이끌었다고 말한다. 그러고 보니 어쩌면 나도 지긋지긋한 가난을 겪어봤기 때문에 현재에 안주하지 않고 자꾸만 성장하려고 하는 것 아닌가. 그 고통을 두 번 다시 겪지 않기 위해서.

나는 어릴 때 가난이 죽도록 싫었다. 그것 또한 '결핍'이라고 생각했다. 하지만 책을 읽고 나서 '결핍'은 큰 축복이라는 걸 알았다. '결핍'이 없는 것이 오히려 '결핍'이라는 걸 깨달았다. 그래서 부자들은 자식들에게 없는 '결핍'도 만들어 준다고 했다. 그런데 그 '결핍'을 나는 이미 충분히 지니고 있으니 얼마나 큰 축복인가!

세계적인 부자들은 거의가 자수성가한 사람들이라고 한다. 오직 고난을 딛고 스스로의 힘으로 일어설 때 사람은 가장 강해지기 때문이다. 자기 자신의 신세를 한탄하며 형편없이 사느니 차라리 형편없이 시작하는 게 훨씬 낫다.

나도 결핍과 상처 때문에 오랜 시간 괴로워했고 잘 헤어 나오지 못했다. 하지만 도저히 이렇게 살아서는 안 되겠다고 생각했고 나 스스로를 구하려고 절박한 마음에 시작한 독서가 나 자신을 바꿔주었다. 결국 어떤 선택을 하느냐가 중요하다. 결핍을 에너지로 삼아 나아간다면 남들보다 더 멀리, 더 높이 나아갈 수 있다. 하지만 스스로 멈춰 선다면 신도 당신을 구해줄 수 없다.

　그동안 내가 그렇게 바꾸고 싶었는데 바뀌지 않은 이유는 나의 삶을 바라보는 관점이 바뀌지 않았기 때문이다. 내 인생을 바라보는 관점이 바뀌지 않는다면 결국 출력되는 답은 항상 똑같다. 그러니 다람쥐 쳇바퀴마냥 내 인생도 항상 제자리걸음이었던 것이다.

당신은 움츠리기보다
활짝 피어나도록 만들어진 존재입니다.

– 오프라 윈프리

04

독서로 부자의
사고로 바꾸어라

책에서는 부자의 생각은 뿌리부터 다르다고 한다. 그래서 나는 100억 부자가 되기로 결심한 2018년 12월12일부터 부에 관한 책을 굉장히 많이 읽었다. 부자가 쓴 책들을 읽고 그들의 사고방식과 습관을 따라 배운다면 나도 부자가 될 것이라는 생각에서였다.

『커피한잔의 명상으로 10억을 번 사람들』에는 가난한 사람들은 타인의 부를 질투하는 경향이 다분하다고 한다. 사촌이 땅을 사면 배가 아프다는 말도 있지 않은가. 특히 가까운 사람이 잘살게 되면 비교 의식이 생기면서 질투가 더 커지는 것 같다.

내가 아는 지인 A가 있다. 그는 집안 형편은 가난하나 착하게 살려는 마음이 강한 사람이었다. 그에게는 지인 B가 있는데 B는 A를 보면 항상 돈이 없다고 죽는 척을 했다. 그래서 둘이 만날 때마다 항상 A가 돈을 썼다고 한다. 그런데 재밌는 건 A는 월세에 살고 B는 자기 집이 있다. 그럼에도 불구하고 B는 대출을 갚아야 한다며 고추장에 양파만 찍어 먹는 날이 허다했다. 그런 모습이 안쓰러워 A가 돈을 다 쓴 것이다.

그렇게 오랜 시간이 흐른 뒤 B가 몸이 안 좋아 큰 수술을 하게 되었다. A는 병문안을 갔는데 수술을 마친 B의 모습을 보고 참 안쓰러웠다고 한다. 그런데 B가 갑자기 A한테 놀라운 고백을 하기 시작했다. 바로 자기한테 지금 살고 있는 집을 빼고 집이 2채나 더 있다는 것이었다. 그래서 그동안 집 대출금을 갚느라 힘들었던 것이다.

A는 그 말을 듣고 머리를 둔기에 맞은 것 마냥 심한 배신감을 느껴 한참을 헤어 나오지 못했다고 한다. 그동안 B를 불쌍히 여겨 항상 자신이 돈을 썼는데 사실은 B는 집이 3채나 있는 사람이었고 자기 자신은 여태 셋집에 사는 처지였기 때문이다.

처음에 A가 B에 대한 지배적인 감정은 동정이었다. 비록 A는 월세에 살고 있긴 했지만 잘 먹고 잘 살고 있다고 생각했기 때문이다. 하지만 매일 돈이 없다고 지지리 궁상을 떨면서 고추장에 양파만 찍어 먹는 B를 보자 자기보다도 못하다는 생각이 들어서 만날 때마다 본인이 돈을 다 썼던 것이다. 나중에 B가 대수술까지 마치고 병상에 누워 있는 모습을 봤을 때는 동정심이 극에 달했다. 그런데 B의 놀라운 고백으로 인해 A는 극에 달하는 동정심에서 한순간에 극에 달하는 배신감과 질투심, 그리고 자괴감까지 느꼈다. 하지만 여러 가지 감정 중에 지배적인 감정은 바로 질투였을 것이다.

가난한 사람들이 부자들을 질투하는 이유는 자신은 그렇게 되지 못할 것이라고 생각하기 때문이다. 만약 나도 그렇게 될 수 있다고 생각한다면 질투가 아니라 축복을 했을 것이다. 다른 사람의 성공을 진심으로 축복해주는 건 나도 그렇게 될 거라는 생각에서부터다. 만약 '나는 절대 저렇게 될 수 없을 것 같은데.'라는 생각이 들면 질투하게 된다. 그러니 이제부터라도 부자가 되고 싶다면 나보다 잘되는 사람들을 진심으로 축복해주자. 내가 원하는 삶을 살고 있는 사람을 축복해주는 건 성공한 내 모습을 보고 미리 인사를 건네는 것과 같다.

책에서는 어울리지 말아야 하는 사람 종류가 있다고 말한다. 당신에게서 시간이나 돈이나 기술이나 지식을 공짜로 빼앗아가려는 사람들이다. 그들은 가난 질병을 갖고 있는 사람들이다. 부정적인 생각을 갖고 있는 사람들과도 절대 어울리면 안 된다. 그들의 어두운 기운은 당신을 잠식해버린다.

부자들은 환경이 사람을 만든다고 생각한다. 책에서는 그들은 어떤 곳에 계속 살다가는 진짜 무능력해질 것 같다는 생각이 들면 무리해서라도 환경부터 바꾼다고 말한다.

현재 상태를 180도 바꾸고 싶으면 무조건 내가 지내는 환경을 싹 다 바꿔야 한다. 만약 1억을 벌고 싶다면 1억을 버는 사람들의 무리로 들어가야 하고, 10억을 벌고 싶다면 10억을 버는 사람들의 무리로 들어가야 한다. 만약 당신의 가족들이 가난 질병에 걸려 있다면 따로 독립해 나와야 한다. 당장의 집세, 생활비가 아까워 같이 어울려 살다 보면 당신도 별 볼일 없는 사람이 되어버린다. 행동은 환경에 따라 바뀌기 때문이다.

우리는 뱀의 머리가 되기보다는 용의 꼬리가 되어야 한다. 현재 내 주위에서 내가 제일 잘나간다면 그건 축복이 아니다. 더 이상의 발전은 없다는 뜻이다. 당신보다 더 나은 사람들의 무리에 들어가 기꺼이 용의 꼬리가 되겠다는 결심을 하라.

그런데 사람들은 생각보다 이를 매우 어려워한다. 나와 비슷한 사람들과 어울릴 때는 편안함을 느끼지만 나보다 훨씬 멋진 사람들과 어울릴 때면 자괴감을 느낀다. 하지만 기억하자. 당신이 부자가 되기로 맘먹었다면 그 사람의 모습은 머지않아 당신의 모습이라는 것을.

책보다 부자의 사고를 더욱 잘 엿볼 수 있는 것은 없다. 독서를 통해 부자의 사고로 똘똘 무장했을 때 우리는 비로소 진정한 의미의 부자가 될 수 있다.

진정 부유해지고 싶다면

소유하고 있는 돈이

돈을 벌어다 줄 수 있도록 하라.

− 존 데이비슨 록펠러

05

모든 것은
독서에서 비롯되었다

당신의 가슴을 뛰게 하는 단어는 무엇인가? 나는 생각만 해도 가슴이 설레는 단어가 있다. 바로 '여행'이다. 초등학교 때 방학마다 학교에서 국내여행을 주최하곤 했지만 나는 집이 가난해서 참여할 수 없었다.

내가 어렸을 때는 홍콩 영화가 대세였다. 그래서 나는 홍콩에 대한 막연한 환상이 있었다. 그때는 홍콩을 동경한 나머지 홍콩 남자랑 결혼하려는 생각까지 했었다. 20대 중반에 회사 다닐 때 내 컴퓨터 바탕화면은 홍콩 길거리 사진이었다. 그렇게 가고 싶은 홍콩에 나는 언제쯤 갈 수 있을까 늘 생각을 했다. 그러다 29살 여름에 나는 드디어 그 꿈을 이룰 수 있었다.

캐디를 시작하고 여름 휴가 때 나는 드디어 생애 첫 해외여행을 계획할 수 있었다. 고민할 것도 없이 나의 첫 여행지는 홍콩으로 결정했다. 여름에 홍콩에 가면 절대 안 됐는데 말이다. 때는 7월 말이었다. 홍콩에 도착하자마자 지옥을 맛보게 되었다. 날씨가 더운 데다가 습도가 90%에 달해 숨이 턱 막혔다. 하지만 첫 해외여행이고 어릴 때부터 나의 꿈이었던 홍콩에 오게 돼서 그런 것까지도 참을 만했다. 하지만 너무 오랜 시간 기대를 해서 그런가? 내가 기대했던 만큼은 아니었다. 그리고 영화에 나오는 홍콩 미남도 볼 수 없었다. 패키지 여행의 폐해라고도 할 수 있겠다. 2박 3일의 여행은 눈 깜짝할 사이에 지나갔다.

그리고 그해 겨울 파타야 3박 4일 여행을 가게 되었다. 그 여행은 정말 좋았다. 패키지 구성도 좋았지만 가이드도 좋았다. 정말 싼 가격에 갔지만 마사지도 받고 묵었던 호텔도 발코니가 있는 바다 전망이라 매우 흡족했다. 그리고 호텔식도 있었는데 각종 씨푸드에 다양한 고퀄리티 음식까지 즐길 수 있었다. 옵션 여행을 하려고 달러를 지불하려는데 가이드가 계산을 잘못해서 100불을 적게 받았다. 나는 돈 계산에 빠른 편이다. 아무래도 금액이 이상해서 머릿속으로 계산기를 두드려보니 가이드가 100불이나 적게 받았던 것이다. 몇 초 동안 고민했지만 정직이 최고라는 생각에 가이드에게 얘기해서 100불 더 드렸다. 그러자 가이드가 감동해서 저녁에 바닷가로 불러내 마실 것을 사주었다. 그리고 이튿날 바나나

보트 등도 공짜로 타게 해주었다. 옵션으로 선택한 요트 투어도 정말 환상적이었다. 스노쿨링도 하고, 바다 낚시도 하고, 요트에서 흘러나오는 K-POP 음악을 들으며 2층 선상에 누워 눈부신 하늘을 바라보고 있노라니 천국이 따로 없었다. 이 맛에 돈을 버는구나 하는 생각까지 들었다. 그 여행이 여태까지 했던 여행 중에 제일 좋았다.

그리고 그 다음해 겨울에는 푸켓으로 여행을 갔다. 태국에 좋은 인상을 가지고 있었기 때문이다. 푸켓 바다는 파타야 바다와는 비교가 안 될 정도로 정말 깨끗하고 아름다웠지만 여행사와 가이드가 너무 별로여서 여행도 그냥 그랬다.

그리고 그 다음해 겨울에는 상하이로 여행을 갔다. 회사 언니들이랑 넷이서 갔는데 재밌었다. 각종 길거리 음식도 사먹고 항저우도 다녀오고 나름 만족스러운 여행이었다.

그리고 그 다음해는 두바이로 가고 싶었지만 회사를 그만두는 바람에 무산되었다. 나는 그동안 패키지 여행만 다녔던지라 자유 여행을 가고 싶었다. 하지만 겁이 많아서 자유 여행은 어지간히 걱정되었다. 그보다도 스케줄을 짜고, 호텔 잡고, 교통수단도 해결해야 되고 참 귀찮았다. 그래서 그 다음 여행은 오랫동안 정해지지 않았다. 그러던 와중에 나는 크루즈 여행을 알게 되었다. 책에서 보니 금액도 많이 들지 않았다. 우리가 생각하는 크루즈는 어마어마한 가격에 늙어서나 갈 수 있는 것이었지만 실상은 그렇지 않았다. 가까운 데는 몇십만 원이면 다녀올 수 있었다. 특히나 크루즈여행은 호텔을 옮겨 다닐 필요도 없이 배에 탑승하기만 하면 끝이다. 먹는 것도 공짜다. 크루즈 안에는 백화점도 있고 카지노, 식당, 공연장, 클럽, 레스토랑 등 없는 게 없다. 선상에는 다양한 액티비티도 있어서 내가 꿈에 그리던 완벽한 여행이었다. 자유 여행이면서 신경쓸 것도 없고, 있을 건 다 있고, 낭만적이고. 그래서 지금은 새로운 꿈이 생겼다. 바로 크루즈 여행을 다녀오는 것이다. 디즈니 크루즈를 타고 카리브해 14박 15일 여행을 다녀오는 것이 꿈이다.

크루즈의 크기는 63빌딩을 눕혀 놓은 크기보다도 더 크기 때문에 애초에 파도의 영향을 크게 받지 않는다. 그래서 멀미나 안전을 걱정하지 않아도 된다. 영화 〈타이타닉〉 때문에 전복 사고를 염려하겠지만 그 배는 페리, 즉 화물선이다. 애초에 사람을 싣는 용도로 만들어진 배가 아니기 때문에 안전성에서 뒤떨어진 것이다. 하지만 크루즈는 사람을 싣는 용도이기 때문에 절대적으로 안전하다. 크루즈 하나를 만드는 데 드는 비용이 자그마치 1조 원이라고 한다. 1조 원을 가지고 장난칠 선사는 어디에도 없다. 크루즈는 비행기보다도 훨씬 안전하며 세상에서 제일 안전한 교통수단으로 불린다.

크루즈는 우리가 자는 동안에도 이동한다. 그러니 얼마나 효율적인가. 일반 여행에서 우리는 이동에 많은 시간을 낭비한다. 하지만 크루즈는 낭비하는 시간이 없다. 그리고 방만 나오면 언제 어디서나 사방이 멋진 바다다. 너무 낭만적이지 않은가. 상상만 해도 가슴이 뛴다. 간만에 가슴이 다시 설레기 시작했다. 꿈에 그리던 여행의 신세계를 발견한 것이다.

그리고 크루즈는 기항지 투어가 있다. 그러니 크루즈가 머무는 모든 항구에서 자유 여행이 가능하다. 물론 내리기 싫으면 대부분 내리지 않아도 상관없다. 이때가 한적한 크루즈를 쾌적하게 둘러볼 수 있는 절호의 기회이다.

일반 여행에서는 숙소와 교통수단을 정하는 게 일이다. 하지만 크루즈는 타기만 하면 둘 다 해결된다. 그래서 여행의 피로도가 매우 낮아 여행 중에 힘들어서 싸우는 일도 거의 없다고 한다. 크루즈는 2년 후까지 예약이 가능하다. 미리미리 예약하면 싸기 때문에 외국 사람들은 한참 전에 예약하는 편이다.

크루즈는 안 타본 사람은 있어도 한 번 타본 사람은 없다고 한다. 그만큼 만족감이 큰 여행이다. 크루즈를 타본 사람들은 크루즈를 종합예술이라고 극찬한다.

크루즈 여행에서 제일 인기 있는 코스는 지중해 코스이다. 보통 7박 8일이 메인인데 10박이 넘어가면 동, 서부 다 가기 때문에 가성비가 더 좋을 수 있다. 지중해는 춥기 때문에 5월~10월 사이에 다녀오는 게 좋다고 하며 햇살이 무척 뜨겁다고 한다. 겨울에 가면 갑판에서 즐겨야 할 것이 50%인데 그것들을 즐길 수 없게 되기 때문이다.

크루즈에는 최첨단 안전장치가 있어서 태풍, 쓰나미가 발생하면 그쪽으로 안 가고 코스를 바로 변경한다. 기상청보다 더 똑똑하다고 한다.

하와이 코스는 3대가 좋아하는 코스로 불린다. 골프 마니아들에게는 천국이다. 4개 섬에서 1박 2일 정박하기 때문에 라운딩을 6~7번 할 수 있다고 한다. 가격도 천만 원이 조금 넘는데 육로로 이동하는 것보다 더 저렴하다고 한다. 한국 사람들은 뭐든지 새 것을 좋아하기 때문에 가급적이면 2015년 이후에 만든 배에 탑승하길 권한다.

책을 통해 나는 크루즈 여행이라는 신세계를 알게 되었다. 마치 아메리카 신대륙을 발견한 기분이었다. 새로운 것을 좋아하는 나에게 또 하나의 목표가 생겼다. 바로 크루즈 여행을 다녀오는 것이다. 예전부터 나의 꿈은 해외여행에서 운명의 남자를 만나는 것이었다. 하지만 이제는 크루즈에서 운명의 소울메이트를 만나는 상상을 해본다.

세계는 한 권의 책이다.

여행하지 않는 사람들은

그 책의 한 페이지만 읽는 것과 같다.

- 아우구스티누스

06

성공 비결은
아주 가까이에 있었다

제 92회 아카데미 시상식에서 봉준호 감독의 〈기생충〉은 작품상, 감독상, 각본상, 국제장편영화상까지 4관왕을 휩쓸었다. 한국 영화 최초이기도 했지만 그는 남다른 수상소감으로 아카데미를 수놓았다. 봉준호 감독은 "어렸을 때 제가 항상 가슴에 새겼던 말이 있었는데, 영화 공부할 때 읽은 글이다. 가장 개인적인 것이 가장 창의적인 것이라는 말이었다. 그 글은 마틴 스콜세지 감독의 말이었다."라며 감사함을 표했다. 그의 말에 마틴 스콜세지 감독을 향해 박수가 쏟아졌다.

전 세계를 깜짝 놀라게 한 봉준호 감독이 영화 공부를 할 때 읽었던 한

마디 글이 그의 삶에 큰 영향을 미쳤던 것이다.

　성공비결은 글 속에 있다.

　여러 책에서 가장 빨리 성공하는 방법은 소망을 시각화하는 것이라고 말한다. 특히 모치즈키 도시타카의 『보물지도』에는 머릿속으로 이미지와 비전을 생생하게 그리는 사람일수록 자신이 원하는 인생을 살 수 있다고 말하고 있다.

　자신이 성공한 모습을 머릿속에 바로바로 떠올릴 수 있으면 빠르게 성공할 수 있다는 뜻이다. 예를 들어 꿈이 연예인이라고 하면 이미 연예인이 된 자신의 모습을 생생하게 상상할 수 있어야 하고 아무 때나 머릿속에 바로바로 떠올릴 수 있도록 훈련이 되어야 한다. 그래야 자신의 꿈에 더 가까이 다가갈 수 있고 더 빨리 성공할 수 있다. 물론 어렵다. 그래서 필요한 것이 이미지 시각화이다.

　이미지 시각화란 자신의 머릿속에 있는 소망을 눈앞에 확실한 이미지로 나타내는 것이다. 예를 들면 소망이 벤츠를 탄다거나 집을 산다거나 샤넬 백을 산다거나 여러 가지일 것이다. 그 소원이 무엇이든지 관계없이 그 이미지를 표현해보는 것이다. 만약 벤츠를 타는 것이 소망이라면 벽에 벤츠 사진을 붙여놓으면 좋다. 사진은 소망을 시각화하는 데 도움이 된다. 사진을 매일매일 보다 보면 머릿속에도 이미지가 쉽게 떠오른다. 이보다 더 좋은 방법도 있다. 직접 매장에 가서 벤츠를 구경하는 것이다. 눈으로 보고, 손으로 만져도 보고, 시승까지 해본다면 당신이 원하는 벤츠를 더 빠른 시간 안에 탈 수 있다. 직접 경험하는 것보다 더 확실한 시각화는 없기 때문이다.

만약 당신의 소망이 강남 한강 파노라마뷰 아파트를 사는 것이라면 비록 돈은 없더라도 용기를 내서 직접 구경을 가보는 것이 제일 좋다. 하지만 어지간한 용기로는 어렵기 때문에 차선책으로 유튜브를 추천한다. 유명한 아파트는 거의 다 구경할 수 있기 때문이다. 그리고 사진으로도 출력해서 매일매일 보는 것이 중요하다.

샤넬 백도 마찬가지다. 당연히 본인이 원하는 샤넬 백 이미지를 붙여놓아야 하고 직접 매장에 가서 만져보고 들어보면 제일 좋겠지만 그것이 어렵다면 인터넷에서 연예인들이 그 백을 멘 사진들을 구경하면서 내가 메고 있는 모습으로 바꿔 상상해보면 좋다. 당신의 꿈을 빨리 실현시켜주는 최상의 방법은 목표를 시각화하는 것이다.

이미지 시각화의 놀라운 효과는 나도 최근에 경험한 바 있다. 어떤 분야에서 최고의 자리에 오른 사람의 사진을 휴대폰에 저장한 적이 있다.

그 분의 사진을 저장하게 된 이유는 다름 아니라『보물지도』라는 책을 읽고 소망을 시각화하기 위해서였다. 그러던 어느 날, 그 분야 특강에 참가하게 되었다. 사람들이 꽤 모인 자리였는데 나는 맨 앞자리에 앉았다. 내가 앉은 자리는 앞자리에서 왼쪽 끝이었고 나의 오른쪽 옆자리는 비어있었다. 그런데 강의가 거의 시작될 무렵 남자 한 분이 다가와 나의 옆자리에 앉았다. 미소를 살짝 지으면서 안에 들어가 앉을 생각이니 비켜달라고 눈으로 얘기하고 있었다. 나는 얼른 자리에서 일어나 그가 들어가도록 했다. 처음 보는 사람이었지만 너무 익숙한 느낌이었다. 나는 얼른 휴대폰을 열고 내가 저장했던 사진을 찾아보았다. 맙소사, 바로 그 사람이었다. 그 사람의 사진을 저장하고 몇 번 쳐다봤더니 나의 옆자리로 끌어당긴 것이다.

속담에 '호랑이도 제 말하면 온다'는 말이 있다. 누구나 이 속담이 얼마나 잘 맞는지 자주 경험했을 것이다. 가만히 생각해보면 이 속담 역시 끌어당김의 법칙인 것 같다. 우리는 여럿이 모여 누군가의 얘기를 한다. 그 사람 얘기를 하면 당연히 그 사람의 이미지까지 머릿속으로 떠올릴 것이다. 여럿이 그 사람 얘기를 하다보면 끌어당김의 에너지는 더욱 강해진다. 결국 호랑이 얘기를 하면 호랑이가 오는 것이다.

오랫동안 꿈을 그리는 사람은
마침내 그 꿈을 닮아간다.

– 앙드레 말로

07

생존독서를
하라

이 책은 너무나도 아팠던 나의 어린 시절 추억 이야기이다. 나는 나의 청춘을 아프게 했던 과거들도 빨아서 널면 마르는 빨래 같으면 얼마나 좋을까하고 생각했다. 늦었지만 이 책을 통해 이제는 그 상처들과 결별하려고 한다.

나는 가끔 주위 사람들이 자신의 상처를 스스럼없이 드러내는 것을 보고 적잖이 충격을 먹었다. 그래서 나도 아주 조금씩 털어놔보았다. 그랬더니 집채만큼 크게 느껴졌던 상처들이 조금씩 무너져 내리는 것 같았다. 하지만 모두 털어놓기엔 내 마음이 허락하지 않았다. 그럴 필요성까

진 느끼지 못했다. 나도 언젠가 저렇게 담담하게 말할 수 있는 날이 오기만을 바랐을 뿐이다. TV에서 종종 연예인들이 자신의 상처를 아무렇지 않게 담담하게 얘기하는 모습이 나온다. 나는 그 모습이 참 멋있어 보였다. 내가 들었을 땐 분명히 엄청난 상처였는데 말이다. 사람들 앞에서 말할 수 있다는 건 이젠 그 상처 속에서 걸어 나오고 있다는, 혹은 이미 걸어 나왔다는 뜻이다.

애초에 나의 그릇은 엄청 작았기에 모든 문제들이 항상 나에겐 너무나도 커보였다. 그래서 뭔가 처리해야 할 일이 생기면 짜증부터 났다. 나를 귀찮고 불편하게 만드는 것들이 싫었기 때문이다. 나도 그런 내가 짜증이 났다. 그냥 처리하면 되는데 뭐가 문제인지…. 그런데 이마저도 돌아보면 아버지의 모습이었다. 어디 이런 일이 한두 번뿐이랴? 내 삶엔 그가 남기고간 그림자가 너무도 컸다. 더군다나 내 주위에 손 잡아줄 이가 아무도 없었기 때문에 나는 오롯이 폐쇄적인 환경에서 그의 영향을 고스란히 받을 수밖에 없었다. 아버지도 그 사실을 누구보다 잘 알았기에 나에게 더 함부로 대했을 것이다. 막 즐겁다가도 아버지의 얼굴을 생각하면 기분이 확 잡쳤다. 어쩌다 그는 나에게 이런 존재가 되었을까?

곰곰이 생각해보면 아버지와의 좋았던 추억이 하나도 없었던 건 아니다. 아버지가 회사를 다닐 때는 그래도 괜찮았다. 월급을 받는 날이면 초

콜릿 한 박스를 사다 주기도 했다. 가끔은 나를 자전거에 태우고 야시장에 바람 쏘이러 다니기도 하고 맛있는 거 먹으러 다니기도 했다. 하지만 그런 추억들은 너무 적은 나머지 상처 속에 가려져 보이지도 않았다. 나에게 가시 돋친 말을 하고 저주를 퍼부었던 아버지는 어쩌면 나쁜 사람이 아니라 마음이 아픈 사람이었을 거다.

내가 책을 쓰면서 한 번도 친어머니에 관한 이야기를 한 적이 없다. 사실은 하지 않으려고 했다. 하지만 이것도 내 상처의 한 부분이니 써야 할 것 같아서 힘들게 이야기를 꺼내보려고 한다.

유치원에 다닐 때까지만 해도 친어머니가 아주 가끔씩 나를 찾아왔다. 그는 나에게 빚진 것을 메꾸려고 예쁜 옷도 사주고, 신발도 사주고, 장난감도 많이 사줬다. 그리고는 그가 새아버지랑 사는 집으로 나를 데리고 가서 며칠씩 있곤 했다. 그가 사는 집은 언덕 지대에 있었는데 언덕 올라가기 전에 항상 나에게 '백설공주'라는 아이스크림을 사주었다. 그 아이스크림은 당시 제일 비싼 아이스크림이었다. 그는 내게 미안해서인지 항상 뭐든지 제일 좋은 걸로 사줬다. 그의 집에 있는 동안 나는 친어머니의 남편에게 아버지라 부르지 않고 이름을 불렀다. 친어머니는 나에게 이름을 부르지 말고 아버지라 부르라고 했지만 나는 아랑곳하지 않았다. 친어머니 남편은 성격이 좋은지 항상 웃으면서 괜찮다고 말했다.

어렸을 때 나는 메추리알 통조림을 좋아했다. 한번은 친어머니가 슈퍼에서 통조림을 사주려고 했는데 그날따라 다 팔리고 없었다. 나는 친어머니에게 통조림을 내놓으라고 떼를 썼다. 그냥 나를 버리고 간 친어머니를 괴롭히고 싶어서였던 것 같다. 그때 난감해하고 힘들어하던 친어머니의 모습이 아직도 눈에 선하다.

초등학교 들어갈 무렵, 새엄마가 생겼다. 새엄마는 몇 년 동안 아버지와 같이 살았다. 그래서인지 친어머니는 더 이상 나를 찾아오지 않았다.

그러던 어느 날, 새어머니가 나를 괴롭힌다는 생각이 들어 말대꾸를 하는 과정에 새어머니가 울면서 집을 뛰쳐나갔다. 나는 아버지에게 혼날까봐 얼른 뒤쫓아 나갔으나 새어머니는 온데간데없이 사라졌다. 나는 문 앞에 쭈그리고 앉아서 울고 있었다. 물론 새어머니가 없어져서 운 게 아니라 아버지에게 혼날까봐 무서워서였다.

그때 마치 드라마의 한 장면처럼 친어머니가 우리 집 문 앞을 지나가면서 나에게 왜 우냐고 물어봤다. 나는 울면서 자초지종을 말씀드렸다. 물론 나는 그가 내 친어머니라는 것을 한눈에 알아봤다. 하지만 티를 내지 않았다. 그 상황에 그럴 정신이 없었다. 친어머니도 유치원 때 이후로 나를 처음 보는지라 내가 자신을 못 알아보는 줄 알고 있었다. 그리고 몇

마디 하다가 친어머니는 가버렸다. 그때 친어머니가 때마침 우리 집 앞을 지나갔는지 아니면 고의로 지나갔는지는 잘 모르겠지만 그때가 내가 본 친어머니의 마지막 모습이 되어버렸다. 몇 년 뒤 그가 돌아가셨다는 소식만 전해 들었다.

슬프지도 않았다. 들었던 정도 없었을 뿐만 아니라 어차피 처음부터 나를 버리고 간 사람이고 내가 이렇게 아픈 인생을 살게 만든 장본인이라고 생각되었기 때문이다. 하지만 아주 가끔씩 그를 떠올릴 때마다 눈에서 눈물이 새어나왔다. 그 눈물의 의미는 무엇이었을까? 아마 원망이었을 거다. 그리고 마지막에 그를 봤을 때 왜 나를 버리고 갈 수밖에 없었는지 물어보지 못한 아쉬움이 컸다. 엄마를 엄마라고 부르지 못한 내가 원망스럽기도 했다.

나는 아주 오래전부터 내 이야기를 책으로 써볼까 하는 생각을 가끔씩 했었다. 그래서 펜을 잡은 적도 여러 번 있었다. 하지만 단 몇 페이지를 쓰면서도 눈물이 폭풍우처럼 흘러내렸고 그런 내 모습이 고통스럽고 비참해서 바로 그만두었다. 중국에는 '家丑不可外扬(가추불가외양)'이라는 말이 있다. 집안의 허물은 밖으로 드러내서는 안 된다는 말이다. 가족의 흉을 보는 건 누워서 침 뱉기, 즉 자기 얼굴에 침 뱉는 거나 마찬가지라는 말이다. 그래서 사실 이 원고를 쓰는 내내 내적저항에 시달렸고 그냥 마음속에 묻어둘 얘기를 비싼 돈을 들여 굳이 책으로 썼어야 했나 하는 생각이 수없이 들었다.

어쩌면 이 이야기도 그냥 내 안에만 존재했을 수도 있다. 하지만 살기 위해 시작한 생존 독서로 인해 나는 나의 소중한 재산을 전부 작가라는 꿈에 투자했다. 주사위는 이미 던져졌다. 나에게는 책 쓰기를 끝내야만 하는 중대한 이유가 생긴 것이다. 내 이야기를 써내려가면서 상처가 찢겨 나갈 듯이 아팠고 가슴깊이 묻어두었던 상처들까지 줄줄이 딸려 나오는 바람에 한동안 엄청난 고통에 시달리기도 했다. 내 감정들을 스스로 잘 정리하기 위해 원고 집필을 미루기도 했다. 하지만 될 일은 된다. 내 마음속에 있었던 생각들은 자주 현실이 되어 눈앞에 나타났다. 책에서는 이혼도 마음속에서 먼저 이루어진다고 한다. 이 원고도 오래전에 내 마음속에서 먼저 씌어진 것 같다.

"사람은 모두 자신의 '신'이다. 그런데 만약 내가 나를 포기하고 멍청히 앉아 죽기만을 기다린다면, 누가 나를 구해줄 수 있겠는 가…. 희망과 믿음은 내게 자유를 느끼게 해주는 무적의 존재다. 강한 자는 스스로를 구한다."

– 영화 〈쇼생크탈출〉 중 앤디의 독백

당신의 '모국어(母國語)'는 안녕하십니까? 만약 아니라면 독서만이 살길입니다

북한 영화 〈금희와 은희의 운명〉에 보면 '아버지의 축복'이라는 노래가 나옵니다. 극중 아버지가 음악 공부를 하며 직접 작사 작곡한 노래입니다. 가사는 이렇습니다.

잘 자거라 아가야 내 사랑 아가야

밤은 캄캄 깊어도 잠 잘 자거라

백두산의 큰 별님 밝게 비치여

너를 지켜준단다 내 사랑 아가야

내가 어릴 때 아버지도 가끔 사람들 앞에서 감미로운 목소리로 이 노래를 불러주곤 했습니다. 그때는 아버지의 노래를 들으면서 나름 감동도 받았습니다. 그런데 어쩌다가 아버지는 딸에게 '아버지의 저주'를 들려주는 사람이 되었을까요?

내가 최근에 좋아하게 된 사람이 있는데 바로 〈포프리쇼〉의 김창옥 강사입니다. 이 원고를 쓰면서 '과연 부모 욕으로 도배된 책을 쓰는 게 맞을까?'라며 수없이 고민하던 시기에 그의 강의를 만났습니다. 그는 강의에서 특유의 유머로 불행했던 어린 시절을 표현해 큰 호응을 얻었습니다. 직설적으로 부모님과 상처에 대해 이야기하는 그를 보면서 나는 많은 위로와 공감을 얻었습니다.

김창옥 강사도 폭력적인 아버지 밑에서 많은 상처를 받으면서 자랐습니다. 그는 강연에서 '모국어'가 좋은 사람과 결혼해야 한다고 말합니다. 그가 말하는 '모국어(母國語)'는 한국어가 아니라 부모로부터 물려받은 언어를 말합니다. 즉 우리가 어릴 때 부모가 어떤 언어를 들려주었는지가 중요하다는 얘기입니다. 이 언어에는 행동 언어도 포함됩니다. 우리는 자기도 모르는 사이에 그 언어를 습득합니다. 평소에는 잘 튀어나오지 않지만 극도로 화가 나거나 위기 의식을 느낄 때면 자동으로 '모국어'가 튀어나옵니다. 그 때문에 자꾸 관계에 문제가 생깁니다. 하지만 대부분의 사람은 그 이유가 무엇인지조차 모르고 살아갑니다. 그래서 자꾸만 같은 문제에서 넘어지게 됩니다.

나도 정말 그랬습니다. 하지만 나는 그런 모습이 싫어서 일찌감치 나의 문제점을 찾기 시작했고 그 문제가 뿌리에 있다는 것을 희미하게 알게 되었습니다. 같은 문제에서 넘어질 때마다 서점으로 달려가 답을 찾는 나의 습관은 점점 나의 판단에 확신을 가지게 했습니다. 그럴 때마다 아버지를 더욱더 미워하게 되었습니다. 하지만 원망은 답이 아니라는 것도 일찍 알았습니다. 다만 몸과 마음이 따로 놀았습니다. 아무리 용서하려고 해도 용서가 되지 않았습니다.

그러다가 꾸준히 독서를 하게 되자 내가 나 자신을 용서하지 못했다는 것을 깨닫게 되었습니다. 다른 사람을 미워하는 것은 결국 자기 자신을 미워하는 일이었던 거죠. 부정적인 감정의 피해자는 결국 본인이기 때문입니다.

20대 초반에 나는 연애를 했습니다. 그 과정에서 서로의 문제점들이 드러나기 시작했습니다. 평소에는 잘 모릅니다. 사람들은 어느 정도 가면을 쓰고 살아가기 때문입니다. 본인의 모습을 100% 다 드러내면서 살아가기는 힘든 일입니다. 누구나 본인의 가장 좋은 모습을 보여주려고 합니다. 그러다 화가 극도로 치밀거나 한계에 다다르는 순간에 맞닥뜨리면 비로소 감추고 있던 모습, 즉 '모국어'가 튀어나오는 것입니다.

아버지는 나에게 "어디 가서 죽어버려!"라는 말을 자주 했습니다. 그 말을 내가 누구한테 했을까요? 바로 남자친구한테 했습니다. 남자친구가 나를 극도로 화나게 하면 나는 화를 이기지 못하고 그에게 "나가 죽어버려!"라고 했습니다. 그렇다면 남자친구는 나에게 어떻게 행동했을까요? 그의 아버지가 어머니를 대하는 방식과 똑같이 행동했습니다. 연애 초기에는 그런 점이 드러나지 않았습니다. 서로 잘 보이기도 바쁘니까요. 하지만 어느 정도 가까워지면 '모국어'가 조금씩 튀어나옵니다. 그가 나에게 이런 말을 한 적이 있습니다. "우리 아버지는 모든 사람들한테 정말 좋은 사람인데 이상하게 우리 어머니한테만 잘하지 못해. 왜 그러는지 나도 모르겠어." 그 말을 들었을 땐 나는 나이도 어렸고 연애 경험도 별로 없어서 큰 문제라고 생각하지 않았습니다. 하지만 곧 문제가 생겼다는 걸 알게 되었습니다. 그는 모든 사람들에게 착하고 좋은 사람처럼 굴었지만 나에게는 뭔지 모르게 차가웠습니다. 물론 처음부터 그랬던 것은 아닙니다. 처음엔 좋다고 따라다녔습니다. 뭐든지 다 해줄 것처럼 행동했습니다. 그러다 익숙해지자 숨어 있던 '모국어'가 튀어나왔던 것입니다.

그는 나를 대하는 태도가 은근히 차가우면서도 희한하게 집착을 했습니다. 나는 다른 사람에게 집착을 하는 성격이 아니라서 그의 태도가 도저히 이해가 되지 않았습니다. 예를 들면 만날 때마다 내 휴대폰을 뒤지면서 이 전화는 누가 한 거냐고 캐묻는가 하면 문자도 일일이 다 열어보곤 했습니다. 그리고 내가 전화를 못 받기라도 하면 부재중 전화가 몇 십 통씩 와있는 상황이 펼쳐지곤 했습니다. 소름이 끼쳤습니다. 정신에 문제가 있는 게 아닌가 하는 생각이 들 정도였습니다. 나는 다른 사람의 휴대폰을 열어보지 않습니다. 하지만 그가 하도 내 휴대폰을 열어보니 나도 짜증이 나서 한번은 그의 휴대폰을 열어보았습니다. 그런데 정말 놀라웠습니다. 그는 자신의 문자를 전부 삭제해버린 것입니다. 그는 왜 이런 행동을 할까요? 원인은 뿌리에 있었겠지요. 아마 그가 나에게 했던 행동들은 그의 아버지가 어머니한테 했던 행동이 아니었을까요? 그는 나에게 자신의 아버지를 이해할 수 없다고 얘기했지만 결국 그 모습을 고스란히 닮아버렸던 것입니다. 나처럼요. 그러니 결혼을 결심하고 나서야 상대방의 부모를 만나보지 말고 어느 정도 호감이 있으면 아주 자연스러운 방식으로 상대방의 부모에 대해 잘 알아보길 바랍니다.

친할아버지는 내가 태어나기도 전에 일찍 돌아가셨습니다. 그래서 어떤 분인지는 잘 모르지만 이 책을 쓰면서 아버지 역시 '모국어'가 안 좋은 사람이지 않았나 하는 생각이 들었습니다. 그가 내게 보여준 모습 역시 그가 어렸을 때 겪었던 것들이 아니었을까 합니다. 그동안 나는 아버지가 인간성이 못되서 그런 줄로만 알았는데 지금은 잘못된 뿌리가 원인이었을 것이라고 생각합니다. 결국 우린 모두 피해자이고 피해자는 또 다른 피해자를 만드는 악순환의 연속일 뿐입니다.

행복은 악의 고리를 끊어내야 찾을 수 있겠지요. 모국어가 좋지 않다면 독서를 시작하길 권합니다. 나를 객관적으로 바라볼 수 있는 기회를 얻게 되니까요.

독서를 하지 않는다면 우리는 결코 자신의 문제점이 무엇인지도 모른 채 평생을 같은 문제로 괴로워하면서 살아가게 될 것입니다. 알아도 괴롭긴 마찬가지겠지만 적어도 문제점을 알아야 그 속에서 빠져나올 수 있습니다. 나는 당신도 꾸준한 독서를 통해 더 나은 삶을 살아가기를 응원합니다.